D1722030

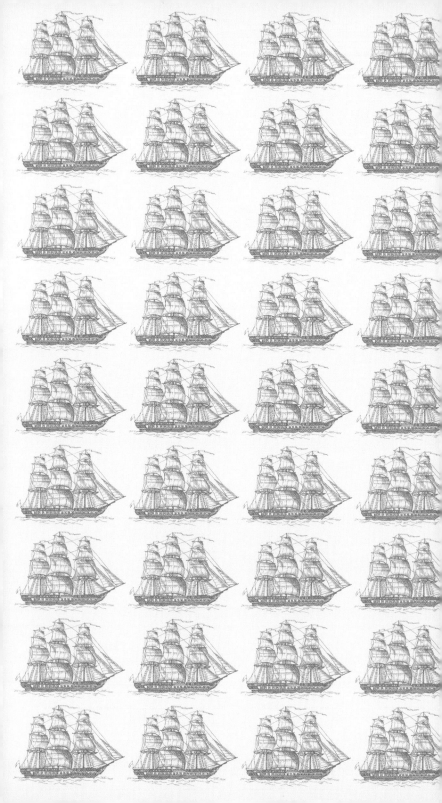

Auf der Suche nach dem grünen Gold

ANDREAS BARLAGE

AUF DER SUCHE NACH DEM
grünen Gold

WIE PFLANZEN
AUS FERNEN LÄNDERN
IN UNSERE GÄRTEN KAMEN

Jan Thorbecke Verlag

VERLAGSGRUPPE PATMOS

PATMOS
ESCHBACH
GRÜNEWALD
THORBECKE
SCHWABEN
VER SACRUM

Die Verlagsgruppe
mit Sinn für das Leben

Die Verlagsgruppe Patmos ist sich ihrer Verantwortung gegenüber unserer Umwelt bewusst. Wir folgen dem Prinzip der Nachhaltigkeit und streben den Einklang von wirtschaftlicher Entwicklung, sozialer Sicherheit und Erhaltung unserer natürlichen Lebensgrundlagen an. Näheres zur Nachhaltigkeitsstrategie der Verlagsgruppe Patmos auf unserer Website www.verlagsgruppe-patmos.de/nachhaltig-gut-leben Übereinstimmend mit der EU-Verordnung zur allgemeinen Produktsicherheit (GPSR) stellen wir sicher, dass unsere Produkte die Sicherheitsstandards erfüllen. Näheres dazu auf unserer Website www.verlagsgruppe-patmos.de/produktsicherheit. Bei Fragen zur Produktsicherheit wenden Sie sich bitte an produktsicherheit@verlagsgruppe-patmos.de

Gestaltung: Finken & Bumiller, Stuttgart
Druck: Finidr s.r.o., Český Těšín
Hergestellt in Tschechien
ISBN 978-3-7995-1562-7

INHALT

VORWORT

Vielleicht wussten Sie schon, dass viele unserer Pflanzen in Gemüsebeeten, Blumenrabatten, Parks oder Kübeln von weither nach Europa gekommen sind. Selbst Vertrautes wie Sonnenblumen, Garten-Erdbeeren und gar die »typisch deutsche« Kartoffel wären ohne den internationalen Pflanzenaustausch, der im 16. Jahrhundert Fahrt aufnahm, nicht in unsere Böden, Vasen oder Schüsseln gekommen. Jeder Garten ist im besten Sinne des Wortes multikulturell und vieles, das für uns selbstverständlich ist, fußt auf dem Wissen begabter Gärtnerinnen und Gärtner etwa aus dem Reich der Inka und Azteken sowie aus chinesischen oder japanischen Gärten, deren Garten- und Agrarkultur der europäischen in der Frühen Neuzeit mindestens ebenbürtig, wenn nicht überlegen war.

Ist es nicht ein faszinierender Gedanke, dass Tulpen einst ein Vermögen wert waren und in den ersten echten Börsencrash der Geschichte verwickelt waren, dass einst nur Kaiser erlauben durften, wo eine Magnolie gepflanzt werden darf, oder dass die Studentenblumen mit ihrem botanischen Namen Tagetes nach einem Gott der Prophetie benannt wurden?

Auf solche Details wird man aufmerksam, wenn man sich mit den Umständen beschäftigt, auf welchen Wegen Pflanzen aus fernen Ländern nach Europa eingeführt wurden. 31 solcher Pflanzenreisen sind in diesem Buch skizzenhaft nachgezeichnet – in der Reihenfolge angeordnet, wann sie sicher oder höchstwahrscheinlich in den Häfen unseres Kontinentes eintrafen.

Sie werden beim Lesen von Wissenschaftlern und Händlern, Hasardeuren und Diplomaten, Kaisern und Poeten erfahren, die aus verschiedenen Motiven am Pflanzenimport beteiligt waren. Manches lief als honorige Geschenkaktion, manches schlicht als Handelsgut und manches wurde geraubt oder geschmuggelt.

Die Pflanzen selbst können gar nichts dafür. Und doch können sie uns mit ihrer Geschichte bewusst machen, wie unendlich viel von dem, was wir als selbstverständlich betrachten, wir dem Wagemut, dem Fleiß, dem Wissen, der Ausdauer und der Aufopferung anderer zu verdanken haben. Und der Arbeit aller nicht genannten Gärtnerinnen und Gärtner, die Pflanzen bereits generationenlang angebaut haben, ehe ein Europäer sie überhaupt gesehen hatte.

Ist es nicht so, dass unsere Faszination für eine Pflanze – und damit ihre Wertschätzung – steigt, je mehr wir von ihr wissen? Ich garantiere Ihnen, dass es Ihnen nach der Lektüre ebenso gehen wird wie mir nach dem Anfertigen dieser Texte: Sie werden jede einzelne Pflanze, deren Reise ins Abendland hier beschrieben wird, mit anderen Augen sehen. ✍

Viel Freude beim Lesen wünscht Ihnen
Ihr Andreas Barlage

a. *Solanum pomiferum, seu Poma amoris, Pomme d'Amour,* Liebes-Apffel.
  b. *Solanum pomiferum fructu rubro majus,* grosse Liebes-Apffel.
    c. *Solanum seu Poma amoris fructu luteo.*
     d. *Solanum pomiferum, fructu rubro minore.*
e. *Solanum pomiferum seu Poma amoris fructu luteo minore, Pomme d'Or,* Gold-Apffel.

DIE TOMATE

vielseitig, vielfarbig und unverzichtbar

NAME:
Tomate, Paradeiser

BOTANISCHER NAME:
Solanum lycopersicum

BOTANISCHE FAMILIE:
Nachtschattengewächse (Solanaceae)

BEHEIMATET IN:
*Mittelamerika – Wildformen etwa vom Norden Chiles
bis Venezuela*

IN EUROPA EINGEFÜHRT:
nachweisbar ab 1544, vermutlich wenige Jahrzehnte davor

Tun wir einfach einmal so, als würden wir Tomaten und Tomatenpflanzen nicht kennen und jemand bringt uns Tomatensamen von einer Reise mit. Wir wissen nur, dass sie mit der Tollkirsche, vor der uns unsere Eltern immer gewarnt haben, verwandt ist – und das heißt, die neue Pflanze ist giftig. Aber wir sind Pflanzenfans und ziehen erfolgreich Pflanzen aus den Samen. Diese wachsen problemlos heran und wir sind begeistert. Sie haben hübsches Laub, blühen mit vielen, reizvoll geformten gelben Blüten und setzen sogar reichlich runde Früchte an, die sich von grün in ein spektakuläres Signalrot färben. Kein

Zweifel: Wir haben die ultimative Zierpflanze gefunden.

So oder so ähnlich ist es wohl vielen Gärtnernden gegangen, die in der beginnenden Neuzeit unter den vielen unbekannten Pflanzen, die aus der »neu entdeckten Welt« in unsere Gefilde eingeführt wurden, auch Tomaten gefunden und ausprobiert haben. Erst um das Jahr 1700 wurde die Tomate sicher nachweisbar als Gemüse gegessen. Und wie könnte es anders sein: Es waren italienische Köchinnen oder Köche, die sie als erste Europäer zubereiteten. Doch noch immer war diese Frucht suspekt! Der goldene oder lockend rote Glanz der großen Beeren bewog die frommen Menschen dazu, in ihnen die legendäre Frucht aus dem Paradies zu sehen. So kam es zu dem Namen Paradiesapfel oder dem heute noch in Österreich gängigem »Paradeiser«. Nun war diese biblische Frucht ja nicht ohne, denn der Genuss mit dem folgenreichen Erkenntniseffekt führte angeblich auch zu geschlechtlichen Akten. Aus diesem Grund war es beispielsweise jungen Mädchen eine Zeit lang verboten, Tomaten zu essen, damit die holden Maiden nicht auf unschickliche Gedanken kämen und vor einer Verehelichung ihrer Urmutter Eva nacheifern würden. Ob italienische Mädchen ihre Pasta trocken essen mussten oder einfach das Pesto alternativ erfunden haben, ist nicht überliefert. Auf jeden Fall hatte die neue Frucht weitere Namen bekommen, nämlich »Liebesapfel« oder »Goldapfel«, was man auf Speisekarten italienischer Restaurants gleich zu »pomodoro« übersetzt bekommt.

Dabei hatten die Azteken bereits vor Kolumbus eine passende Bezeichnung für diese Pflanzen –

DIE TOMATE

sie lautet »xitomatl«. Allerdings ist der Name ziemlich profan, bedeutet doch seine Übersetzung schlicht »Schwellfrucht«. Das Wort hat sich bei uns – und in vielen anderen Ländern – zu Tomate (oder Vergleichbarem) für das den Verkaufszahlen nach beliebteste Gemüse der Welt abgeschliffen. Naja, dass es sich eigentlich um eine Beerenfrucht handelt, wollen wir nicht zu sehr betonen – wer wird denn schon so kleinlich sein wollen?

Der Bann war also vor rund 300 Jahren gebrochen und die Tomate wurde zum unverzichtbaren Bestandteil der Küche – auch und erst recht in den USA. Das weltweit beliebte Tomatenketchup wurde zwar auch dort erfunden, aber wir dürfen anmerken, dass es ein deutscher Einwanderer war, der 1876 sozusagen ausrufen konnte: »Jetzt ist es passiert!« und die pürierte Tomatenmasse so mit Zucker und Gewürzen anreicherte, dass sie enorm lange haltbar wurde. Er hieß übrigens Henry John Heinz ... Seinem Namen begegnet man in jedem gut sortierten Supermarkt. Im Lande seiner Ahnen ignorierte man relativ lange die rote Frucht – erst nach dem Ersten Weltkrieg hatten deutsche Gemüsegärtnerinnen und -gärtner den Bogen raus und die Tomate zog in Gärten und Gewächshäuser ein. Die Sortenpalette beim Saatgut, die derzeit in Gartencentern und erst recht bei Spezialisten angeboten wird, ist unübersehbar und beinhaltet selbst Züchtungen, die auf jedem sonnigen Balkon etwas zum Naschen bieten. Samenfeste Sorten, also Tomaten, deren Kerne bei Aussaat wieder Pflanzen hervorbringen, welche die guten Eigenschaften der Sorte halten, sind besonders begehrt. Wer will schon im Eigenanbau das gleiche Sorteneinerlei vorfinden wie im Billig-Discounter? ✒

DIE TOMATE

KURZES PFLANZENPORTRÄT:

- *rasch wachsende, krautige, zuweilen ausdauernde Staude*
- *je nach Zucht- oder Wildform von 30 bis über 300 Zentimeter hoch*
- *gefiedertes, wechselständiges, gras- bis blaugrünes Laub; Einzelfieder gebuchtet*
- *in Wickeln zusammenstehende Gruppen; stehende, nickende, meist gelbe Blüten an den Blattachseln der Triebspitzen*
- *Blütezeit hierzulande von Juni bis zum Frost; Fruchtansatz ab etwa Juli*
- *Tomaten sind unverzichtbare Gemüsepflanzen; Blüten und Früchte haben überdies einen Zierwert*

STANDORT:

- *vollsonnig – Halbschatten wird vertragen, reduziert aber Blüten- und Fruchtansatz deutlich*
- *humoser, nährstoffhaltiger Boden; Tomaten können jedes Jahr an die gleiche Stelle gepflanzt werden*

PFLEGEGRUNDSÄTZE:

- *Vorkultur durch Aussaat im Warmen im Februar*
- *Auspflanzen in Beete oder große Töpfe, wenn keine Frostgefahr mehr besteht*
- *bei Freilandkultur müssen viele Sorten von einem lichtdurchlässigen Dach vor Nässe auf dem Laub geschützt werden, um Pilzkrankheiten vorzubeugen*
- *stets gut mit Nährstoffen und Wasser versorgen*
- *zur Förderung des Fruchtansatzes Blüten gelegentlich leicht schütteln*

VERWENDUNG:

- *in Beeten, auf Balkon und Terrasse, sogar in Blumenampeln als Gemüse-lieferant*

DER KÜRBIS

populär, gewaltig und
abwechslungsreich

NAME:
Kürbis, Garten-Kürbis

BOTANISCHER NAME:
Cucurbita pepo

BOTANISCHE FAMILIE:
Kürbisgewächse (Cucurbitaceae)

BEHEIMATET IN:
südliche USA, Mexiko, Mittelamerika, nördliches Südamerika

IN EUROPA EINGEFÜHRT:
Beginn des 16. Jahrhunderts

Kürbisse haben sich, seitdem auch in Europa das amerikanische »Halloween« vor einigen Jahrzehnten zum Event hochgeschaukelt wurde, einen festen Platz in der Deko-Ausstattung im Jahreslauf erobert. Ihre zunehmende Popularität auch als Gartenpflanze zeigte sich parallel ab etwa den 1990er-Jahren in der steigenden Variationsbreite der Sorten im Samenhandel. Das ist übrigens bei jeder Pflanzenart ein Gradmesser, ob sie in Mode kommt oder nur zum Randsortiment gehört – wenn eine davon nur als Farbmischung erhältlich ist, liegt sie in der Publikumsgunst weit hinten.

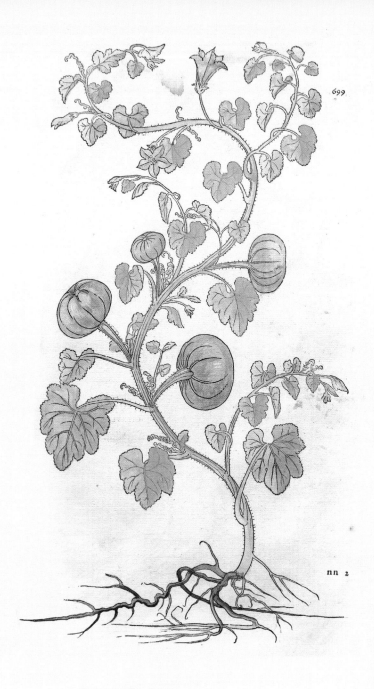

699

nn 2

DER KÜRBIS

In Mittelamerika konnten archäologische Funde immerhin belegen, dass Kürbisse schon gut 7000 Jahre lang kultiviert wurden; einige weisen sogar auf eine Frist von 10.000 Jahren hin. So gehören Kürbisse zu den ältesten vom Menschen angebauten Gemüsearten überhaupt.

Es scheint fast, als wären vor dem Halloween-Hype Garten-Kürbisse auf unserer Seite des Atlantiks nicht besonders verbreitet gewesen, doch das ist ein Irrtum. Kürbisse gab es in Europa schon seit der Zeit der Pharaonen, doch handelte es sich bei diesen um sogenannte Flaschenkürbisse, auch Kalebassen genannt; die gehören der Art *Lagenaria siceraria* an. Bei noch jungen Früchten kann deren Fruchtfleisch gegessen werden, doch da die Schalen dieser Art bei Vollreife verholzen und dicht sind, wurden die birnenförmigen bis runden, unterschiedlich großen Fruchtschalen vor allem als Instrument oder Aufbewahrungsgefäß genutzt. Die Verwendung von Flaschenkürbissen als Nahrung geriet noch mehr ins Hintertreffen, als der produktivere Garten-Kürbis kurz vor oder nach dem Jahr 1500 nach Europa kam – auch wenn er längst nicht so einen Siegeszug durch die Gemüsegärten antrat wie etwa die ebenfalls in der Frühen Neuzeit eingeführten Tomaten, Paprikas bzw. Chilis oder Kartoffeln.

Bereits Christoph Kolumbus hatte auf seiner ersten Reise auf dem heutigen Kuba Kürbisse kennen und schätzen gelernt. Die haltbaren Früchte eigneten sich sehr gut als Schiffsproviant. Auf diese Weise kamen auch die Kürbiskerne nach Europa (und später nach China), wo sie ausgesät und weiterkultiviert wurden – recht erfolgreich zunächst in eher warmen Klimazonen. Doch griff man generationenlang auf Kürbisse nur dann zurück, wenn es in Notzeiten galt, viel Lebensmittelmasse in einer Saison zu produzieren. Kürbispflanzen waren eher so eine Art Gemüse-Versicherung für Eingemachtes als Lieferanten von Delikatessen.

Ich erkläre mir die heutige Beliebtheit des Garten-Kürbisses bei uns ein Stück weit damit, dass Traditionen von unserem Erntedank-Fest und dem amerikanischen Thanksgiving miteinander vermischt wurden. Diese Pflanze war nämlich auch in den östlichen Gegenden der heutigen USA als Kulturpflanze geläufig. Das belegt die Tradition von »Thanksgiving«, die wahrscheinlich darauf fußt, dass die etwa 50 Pilgerväter (und auch -mütter) als so ziemlich erste Siedler in Massachusetts im Herbst 1621 mit 90 Menschen des halb sesshaften indigenen Volks der Wampanoag gemeinsam eine Art Erntedank feierten. Die erfahrenen und freundlichen Wampanoag gaben den Neuankömmlingen etwas von ihren eigenen Vorräten ab, damit diese den ersten Winter in der Fremde überhaupt überlebten. Kürbisse gehörten zu diesen lagerfähigen Lebensmitteln – und längst ist dieses Fest der Amerikaner (und Kanadier) kaum denkbar ohne Kürbisgemüse oder »Pumpkin Pie« – eine kuchenartige Pastete mit süßer Kürbismusfüllung. Leider ist der völkerverbindende Charakter von Thanksgiving etwas in den Hintergrund getreten, und das Geschehen konzentriert sich auf das Zusammenkommen der (Groß-)Familie am letzten Donnerstag im November.

Dass Kürbisse eine Rolle bei dem ebenfalls in den USA am stärksten verbreiteten Halloween-Fest, das etwa vier Wochen eher, am Vorabend des Allerheiligen-Festes am 1. November (»all hallows' eve«)

eine wichtige Rolle als Deko-Element spielt, ist ja bereits erwähnt worden.

Ich habe den starken Verdacht, dass bei uns im Zuge des starken Austausches mit den USA ab etwa Mitte des 20. Jahrhunderts nicht nur Rock'n Roll, Kaugummi oder Fast-Food-Restaurants Eingang in die (Pop-)Kultur gefunden haben, sondern auch die Freude am Halloween-Feiern. Und es ist sicher nicht zynisch, der Geschenke-, Deko- und Süßwaren-Industrie werbekräftige Mithilfe zu unterstellen, diesen neuen Schenk-und-Feier-Anlass zu etablieren. Sei's drum: Der Garten-Kürbis als einstiger Lebensmittel-Notnagel wandelte sich zum glamourösen Kult-Gemüse in Spaghetti-, Hokkaido-, Butternut-, Moschus-Form oder sonstwelchen Ausführungen.

Ich kann, offen gestanden, das alles nicht verstehen und oute mich jetzt schonungslos als Kürbis-Muffel ... Seinem süßlich-mehlig-breiigen Geschmack kann ich persönlich ebenso wenig abgewinnen wie dem von Süßkartoffeln, gekochten Möhren oder Pastinaken. Offensichtlich befinde ich mich da in einer Minderheit, denn in jedem Herbst versuche ich (mehr oder weniger diplomatisch), allen freigiebig offerierten Kürbisspeisen aus dem Wege zu gehen. Immerhin sind geröstete Kürbiskerne für mich eine Köstlichkeit und ich liebe geradezu Kürbiskern-Öl. Das alleine macht allerdings nicht satt.

Doch ich wäre kein findiger Gärtner (und Genussmensch), wenn ich nicht einen Ausweg wüsste: die Zucchini.

Sie haben richtig gelesen: Dieses Sommer- bis Herbstgemüse ist nichts anderes als eine Sonderform des Garten-Kürbisses. Zwar bringt die gurkenförmige, zartschalige, gelbe oder grüne Frucht keine Rekordgewichte wie der übliche Kürbis auf die Waage – die schwersten je gewogenen Kürbisse ließen die Skala auf über 600 Kilogramm ausschlagen –, doch wenn man nicht früh erntet, kann man sich an einer einzigen Zucchini auch verheben. Ich liebe sie besonders, wenn sie etwa 20 Zentimeter lang sind und dann gehälftelt, geschält und ausgehöhlt, mit Schafskäse und Weiterem gefüllt werden, das sich gerade im Kühlschrank findet, und anschließend geschmort werden.

Orangefarbene Herbstdeko lässt mich sowieso kalt – diese Farbe hat in Form von Tulpen, Rosen, Montbretien, Dahlien, Schals, Shorts und Orangenmarmelade schließlich das ganze Jahr über bei uns Saison ... Was brauche ich da noch einen Kürbis in dieser Farbe ... ❧

KURZES PFLANZENPORTRÄT:

- *einjährig*
- *buschiger, lagernder oder rankender Wuchs*
- *bis zu mehr als 10 Zentimeter Längenzuwachs pro Tag*
- *sehr großes, herzförmiges bis gelapptes, gestieltes Laub*
- *große, sechszählige, gelbe Blüten; die Blütenblätter sind wie bei einer Glockenblume trichterförmig miteinander verwachsen und nur die Spitzen stehen als Zipfel frei*
- *Blütezeit Hochsommer bis Frühherbst*
- *große bis sehr große runde, abgeflachte, birnenförmige oder längliche Panzerbeeren fruchten ab Hochsommer und sind bei Reife je nach Art und Sorte cremeweiß, gelb, orange, grün oder rot und zuweilen gemustert*

STANDORT:

- *vollsonnig*
- *Boden locker, sehr humos und fruchtbar*
- *Standort jährlich wechseln; frühestens nach vier Jahren wieder das gleiche Beet für Kürbis oder andere Kürbisgewächse wie etwa Gurken nutzen*

PFLEGEGRUNDSÄTZE:

- *Aussäen, wenn es im Mai sicher frostfrei ist und der Boden sich gut erwärmt hat*
- *Vorkultur in Töpfen am Fensterbrett möglich – Pflanzung aber erst im Frühsommer*
- *Boden gut mit Kompost oder Ähnlichem vorbereiten*
- *etwa einen Meter ringsum Pflanzabstand einplanen, bei großfruchtigen Sorten etwa doppelt so viel*
- *Keimlinge und Junggpflanzen vor Schneckenfraß schützen*
- *Pflanzen dürfen nie ganz austrocknen, Mulchen auch im Sommer mit Kompost ist vorteilhaft*
- *den Boden nährstoffreich halten; bei Bedarf düngen*
- *bei kletternden Sorten solides Stützgerüst installieren; Früchte eventuell in fixierten Netzen wachsen lassen*
- *ab Hochsommer laufend beernten*

VERWENDUNG:

- *Gemüsepflanze; Nutzung der Früchte, Blüten und Samen*
- *Zierpflanze – vor allem Sorten mit eher kleinen, variantenreichen Früchten*
- *Deko-Objekt*

Capsicum fructu surrecto oblongo. Tournef. Inst. 153.
Capsicum caule herbaceo. Linn. spec. 188. n.1.
Indianischer Pfeffer.

DER CHILI

DER CHILI

scharf, fruchtig und bunt

NAME:
Chili, Cayenne-Pfeffer

BOTANISCHER NAME:
Capsicum annuum

BOTANISCHE FAMILIE:
Nachtschattengewächse (Solanaceae)

BEHEIMATET IN:
Mexiko, Mittelamerika, südliche USA

IN EUROPA EINGEFÜHRT:
vermutlich erstmalig in geringem Maße über Portugal im frühen 16. Jahrhundert; dann schwerpunktmäßig im Laufe des 16. Jahrhunderts vom Balkan aus europaweit

Als einer der ersten Europäer hat Christoph Columbus Chili gekostet. Eigentlich waren seine Leute auf der Suche nach dem überaus wertvollen Zimt – noch dachten ja alle, in Indien gelandet zu sein. Doch sie fanden Chili. Herr Columbus befand dieses scharfe Gewürz, das er als »Axi« bezeichnete, für besser als Pfeffer und witterte ein sehr gutes Geschäft damit, denn Pfeffer gehörte wie der Zimt zu den teuersten, sprich lukrativsten Importen aus fernen Ländern.

Nun war in dem Land, wo eben nicht der Pfeffer wächst, der Chili-Anbau bereits seit Jahrtausenden (!) Tradition. Die Maya und Azteken fügten Chili grundsätzlich jedem Essen hinzu. Auch die Inka hatten bereits eine raffinierte Küchenkultur. Als liebeslustanregende Speise kombinierten sie Kakao, Vanille und Tomaten mit Chili. Wer neugierig ist, kann mit diesen Zutaten vor einem Date mal experimentieren. Die allgemeine Erfahrung zeigt auch, dass sich beim Genuss von mit scharfen Chilis gewürzten Speisen tropische Hitze etwas leichter ertragen lässt.

Je nach klimatischen Bedingungen wurden in den diversen Gegenden Süd- und Mittelamerikas unterschiedliche Wildformen von den Menschen dort selektiert und kultiviert. Durch den zunehmenden Handel und Güteraustausch im Zuge der Kolonisation des amerikanischen Kontinents wurde auch Chili weltweit bekannt. Von Mexiko aus gelangte er in die jungen Südstaaten und wurde dort unverzichtbar. In der ersten Hälfte des 16. Jahrhunderts errichteten die Portugiesen die Handelsstadt Macao sozusagen an den Toren Chinas, die zum Knotenpunkt des internationalen Warenaustausches wurde. Von dort aus gelangte Chili auch nach China und Indien, wo die Schoten schnell populär wurden. Etwa zeitgleich entdeckten auch in Europa die ersten Anbauer den Wert dieser Pflanze – den Anfang machten die Italiener. Bis auch Nordeuropäer Chilis zu schätzen wussten, verstrichen noch einige Generationen. In England wurden sie erst zur Zeit der Hochphase des Kolonialreiches wirklich entdeckt – über den Umweg durch Indien. Wer kennt nicht die scharfe Gewürzmischung des Madras-Currys?

Chili ist längst auch in allen europäischen Ländern eine ganz übliche Kultur und hat mittlerweile eine weltweite Fangemeinde. Immerhin finden sich gut 4000 verschiedene Chili-Sorten, die erhalten werden müssen, denn jede einzelne weist eine etwas andere Mischung aus Schärfe und Fruchtgeschmack auf. Die Schärfe wird in Scoville-Einheiten gemessen. Die Skala beginnt bei »0«, was mildfruchtig bedeutet. Paprika, die übrigens auch zur Art *Capsicum annuum* zählen, sind hier verortet. Für scharfe Gerichte verwendet man Sorten, die in der Scoville-Skala zwischen 30.000 und maximal 500.000 rangieren – der berühmte Habanero-Chili erreicht die Halbmillionen-Werte. Mehr als doppelt so scharfe Sorten gibt es auch, aber ich verkneife mir, die Sortennamen zu nennen, um niemanden ins olfaktorische Höllenfeuer zu schicken.

Es gibt allerdings einschlägige Chili-Wettessen, bei denen der Verzehr des Habanero-Chilis lediglich sozusagen als Platzreife gilt und es wesentlich schärfer zugeht – naja, »some like it hot«. Kaum zu glauben, dass einige Menschen Chili-Schoten vertragen, welche die meisten Gärtner nur mit Handschuhen anfassen – aus Furcht, unvermittelt mit den Händen an die Augen zu gelangen, wo selbst winzige Partikel solcher Chili grauenvolles Brennen verursachen können. Das wird von dem Inhaltsstoff Capsaicin hervorgerufen. Weil der nicht wasserlöslich ist, empfiehlt es sich, kontaminierte Hände oder Haut mit Öl oder Alkohol zu reinigen.

Dennoch gilt eine verträgliche Schärfe von Chili als gesund und euphorisierend. Doch schon der Anblick der Chilipflanzen selbst kann Pflanzenfans in Entzücken versetzen, denn die Skala an Blüten- und Blattfarben ist enorm. Ganz zu schweigen von den Früchten, die in verschiedenen Reifephasen oft unterschiedliche Farben zeigen. Chilis im Herbst sind schon vor der Ernte echte Muntermacher. ✎

KURZES PFLANZENPORTRÄT:

- *zügig wachsende, buschige, krautige, mehrjährige Pflanze*
- *je nach Sorte knie- bis mannshoch*
- *ganzrandige, zugespitzte, wechselständige, gras- bis dunkelgrüne Blätter*
- *kleine, weiße bis lilafarbene, einzeln oder in Gruppen stehende Blüten in den Blattachseln*
- *Blütezeit hierzulande meist ab Juli; Früchte reifen zwischen Spätsommer und Vollherbst*
- *viele Sorten haben einen reizvollen Habitus, hübsche Blüten und Früchte, deren Farben sich im Laufe der Reife attraktiv wandeln*

STANDORT:

- *vollsonnig, geschützt*
- *Boden/Substrat humos, fruchtbar*
- *bei Frostgefahr in einem sehr hellen, sehr kühlen Raum mit 10 bis 15 °C*

PFLEGEGRUNDSÄTZE:

- *Aussaat im Januar oder Februar im Haus hell und warm*
- *erst ins Freiland bringen, wenn Nachttemperaturen dauerhaft über 12 °C liegen*
- *entspitzen, damit die Pflanzen buschiger wachsen*
- *erste Blüte pro Trieb beim Aufblühen entfernen*
- *Pflanzen können kühl und hell überwintert werden*

VERWENDUNG:

- *je nach Sorte Gemüse-, Gewürz- oder Zierpflanze*
- *auch als Kübelpflanze sehr attraktiv und ertragreich*

DIE TULPE

variabel, unübersehbar und ikonenhaft

NAME:
Tulpe

BOTANISCHER NAME:
Tulipa-Cultivars (Gartenformen); diverse Arten

BOTANISCHE FAMILIE:
Liliengewächse (Liliaceae)

BEHEIMATET IN:
*östliches bis südliches Europa, Kleinasien bis Zentralasien,
Nordafrika*

IN EUROPA EINGEFÜHRT:
erste Ausgangsformen der Gartentulpen um 1550

K aum zu glauben, dass die uns so vertrauten
Tulpen, die wir bundweise zu kleinen Preisen
im Frühling als Schnittblume überall kaufen
können, einst unerhört wertvolle Statussymbole
von Fürsten und Kaufleuten waren. Erste Tulpen-
arten, die den Hype begründeten, wurden aus der
Türkei in der Zeit der Renaissance zur Wende des
Barocks nach Europa gebracht. Sowohl in der Türkei
als auch in Persien war die »lale« genannte Blume
bereits ein Sinnbild für Liebe und Leidenschaft.
Die Sultane und ihr Hof bevorzugten Sorten, die
bereits aus diversen Arten gezüchtet waren, mit
sehr schmalen Blütenblättern - etwa vergleichbar

a. Tulipa flore pleno, rubro et albo variegato.
b. Tulipa flore pleno ex albo et rubro striato.
c. Tulipa alba maculis roseis variegata.
d. Tulipa purpurea striis albis notata.

　　　　　　　　　　　　　　　　　DIE TULPE

mit der Tulpenklasse der überaus eleganten Lilien-Tulpen.

Ogier Ghislain de Busbecq (1522–1592) war Mitte des 16. Jahrhunderts der Botschafter Kaiser Ferdinands I. am Hofe des türkischen Sultans Süleyman I. in Konstantinopel, sprich Istanbul. Dort lernte er auch die wundervollen Gartentulpen kennen und durfte Pflanzgut davon nach Wien schicken. Versehentlich bezeichnete er sie später als »Tülbent«, was sich auf die Turbanform der Blüten bezieht – daraus schliff sich der Blumenname »Tulpe« ab. Von diesen seltenen Pflanzen gab Herr Busbecq einige an den damaligen Wiener Hofgärtner Charles de l'Écluse (1526–1609) weiter, einem Wissenschaftler, der unter dem latinisierten Namen Carolus Clusius bekannt war. Clusius stieg zum Professor an der niederländischen Universität in Leiden auf und nahm seine Tulpen mit, um sie im neuen Domizil weiter zu kultivieren. Die exotischen Blumen erregten Begehrlichkeiten – und wurden aus seinem Garten gestohlen. Somit wurden sie weiträumiger vermehrt. Innerhalb weniger Jahrzehnte wurden aus den Tulpen Modeblumen, die jeder haben wollte. Der Preis schaukelte sich hoch, die besten Maler verewigten sie in den unsterblichen Stillleben des flämischen Barocks und in jedem Schlossgarten mussten die exquisitesten Sorten prunken.

Niederländische Anbauer witterten enorme Geschäfte. Der Gegenwert eines vollständig eingerichteten Amsterdamer Stadthauses in bester Lage für drei Zwiebeln der rot auf weiß gemaserten Sorte 'Semper Augustus' ist der höchste belegbare Preis dafür gewesen. Es wurde mit ihnen spekuliert und es kam zu Leerverkäufen. Ohne dass die Ware auf dem Tisch lag, wurde sie mehrfach – mit Aufschlag – gehandelt in der Annahme, dass im Sommer bei der Ernte der Zwiebeln die Qualität den hohen Preis rechtfertigen würde. Wer jetzt denkt, dass die Niederländer verrückt waren – au contraire! Sie waren (und sind) grundsätzlich rationale Kaufleute! Solche Leerverkäufe waren etwa bei Schiffsladungen, auf die ebenfalls spekuliert wurde, gang und gäbe. Heute ist es im Prinzip nicht anders. An der Börse geht jeder ein Risiko ein – ob ein kleines oder großes. Und früher oder später platzen die Blasen. Der Tulpenhandel wurde immer unübersichtlicher und unberechenbarer. Käufer hielten sich zurück, Finanzdeckungen reichten nicht mehr aus und das Kartenhaus fiel 1637 in sich zusammen. So mancher Spekulant stand vor dem Aus und im Elend.

Die Preise normalisierten sich – waren aber noch weit davon entfernt, dass jeder sich mal eben große Tulpenpulks in den Vorgarten setzen konnte.

Die gemaserten Tulpen waren immer Spitzenreiter der Preislisten. Ihre Flammung trat aber stets spontan auf oder hielt sich an auffallend schwachen Pflanzen. Dass hinter diesem Phänomen des »Farbenbrechens« ein Virus steckte, der durch Blattläuse verbreitet wurde, fand erst 1928 eine begabte britische Wissenschaftlerin heraus: Dorothy Cayley. So beschritten die Tulpenzüchter Wege, Tulpen mit einem aufregenden Flammenmuster zu züchten, die weder krank noch teuer sein mussten. Pflanzen Sie einmal dreißig Zwiebeln 'Rem's Favourite' und machen sie sich erleichtert klar, dass Sie für diese Tulpe, die 'Semper Augustus' sehr ähnelt, nicht drei Stadthäuser haben hergeben müssen, sondern lediglich den Gegenwert eines Kilos guten Bio-Goudas. ✌

KURZES PFLANZENPORTRÄT:

- *winterharte Zwiebelpflanze*
- *Ruhezeit zwischen Hochsommer und etwa Erstfrühling*
- *je nach Art/Sorte zwischen 10 und ca. 80 Zentimeter*
- *pro Zwiebel ein Stiel mit einem bis vier großen, meist graugrünen, ganzrandigen Blättern*
- *an der Triebspitze eine, bei einigen Arten/Sorten mehrere, kelchförmige große Blüten; alle Farben außer reinem Blau; Blüten auch mehrfarbig; Gartenformen auch gefüllt mit verschiedenen Blütenblattformen*
- *Blütezeit art- und sorteneigen zwischen Februar und Mai*
- *Zierwert sind die Blüten; gelegentlich bei Pflanzengruppen auch gemustertes Laub*

STANDORT:

- *im Freiland oder in Gefäßen, sonnig*
- *Boden/Substrat locker*
- *hohe Sorten windgeschützt*

PFLEGEGRUNDSÄTZE:

- *Zwiebeln zwischen Vollherbst und Winteranfang pflanzen*
- *austreibende Pflanzen nicht trocken werden lassen*
- *vom Austrieb bis zum Welken der Blüten Gartenformen düngen*
- *Verblühtes bis zum ersten Blatt abschneiden*
- *Laub von selbst absterben lassen; Pflanzen ab dann bis Oktober möglichst trocken halten*
- *Zwiebeln großblumiger Sorten nach Absterben des Laubes in trocken gehaltenen Töpfen oder ausgegraben in luftdurchlässigen Säckchen dunkel aufheben*
- *Vermehrung durch Abtrennen der Brutzwiebel nach der Sommerruhe*

VERWENDUNG:

- *Wildarten und robuste Sorten in Beeten*
- *alle Spielarten eignen sich für Gefäße*
- *schöne Schnittblume*

Chrysanthemum Indicum flore et semine maximum.
Sonnen-blum.

DIE SONNENBLUME

DIE SONNENBLUME

sympathisch, prägend und großzügig

NAME:
Sonnenblume, einjährige Sonnenblume

BOTANISCHER NAME:
Helianthus annuus

BOTANISCHE FAMILIE:
Korbblütler (Asteraceae)

BEHEIMATET IN:
Süden Kanadas, USA bis Mexiko

IN EUROPA EINGEFÜHRT:
1552 nach Spanien, später auch Ost- und Mitteleuropa

Wie bitte? Die Sonnenblume stammt nicht aus Europa? Dabei ist sie uns doch so vertraut – felderweise, pulkweise im Garten oder im Kleinformat auf dem Balkon sowie als Schnittblume –, dass wir sie uns aus dem blumigen Geschehen um uns herum gar nicht mehr wegdenken können und erst recht nicht wollen.

Tja, so ist das, wenn eine neu eingeführte Pflanze erfolgreich eingebürgert ist. Dieser Erfolg ist freilich nicht nur auf die Blütenschönheit zurückführbar – wenn auch die eindrucksvolle Gestalt der

großen Sorten, die gleichzeitig ungemein sympathisch und keineswegs einschüchternd wirkt,
eigentlich als Popularitätsgrund ausreichen könnte.
Und tatsächlich war sie, als sie nach Europa kam,
zunächst als beeindruckende Zierde hier und da zu
sehen.

Doch es dämmerte den Neue-Welten-Pflanzen-
entdeckern bald, dass die Ureinwohner Amerikas
Sonnenblumen keineswegs nur als hübschen
Schmuck schätzten. Bereits 2500 Jahre vor der
Ankunft der Europäer in Amerika hatten die Völker
des heutigen Arizona und Mexiko Sonnenblumen
als Nutzpflanzen angebaut. Es wurden sogar Sorten
mit größeren Blütenkörben, die möglichst einzeln
stehen, selektiert. Sonnenblumen schenkten bereits
zu Zeiten, in denen das antike römische Reich erst
im Entstehen war und Europa eher kulturelle Rand-
notizen lieferte, den mesoamerikanischen Gärtnern
Kerne, die vielfältig genutzt werden konnten.

Der enorme Nutzen der Sonnenblumenkerne
hat die Verbreitung dieser Pflanzenart auch in
Europa beflügelt. Als Öl-Lieferanten-Pflanze wird
die weltweite Anbaufläche der Sonnenblumen nur
von Sojabohnen und Raps übertroffen. In Osteuropa
liegt ein Schwerpunkt des Anbaus. Möglicherweise
hat dort eine einstige Verfügung der russisch-ortho-
doxen Kirche die Beliebtheit der Sonnenblume
zusätzlich gefördert: Die Würdenträger verordneten
nämlich im 18. Jahrhundert, dass fetthaltige Speisen
während der Fastenzeiten verboten waren, schlos-
sen aber Sonnenblumenprodukte aus. Das war sozusagen ein Marketingschub mit der Folge, dass diese
Pflanzen nun ihren Siegeszug antraten. Gerade in
Russland und der Ukraine sind längst Sorten ent-

wickelt worden, deren Kerne den Fettgehalt der Wildarten weit übertreffen.

In ihrer Symbolik sind Sonnenblumen ausgesprochen positiv und fungieren etwa als Sympathieträger für Öko-Parteien oder Friedensbewegungen. Sie sind so markant, dass sie sich bestens auch als Protagonisten für Blumenmärchen, Kindergeschichten oder neuchristliche Legenden eignen.

Sonnenblumen sind sowieso rekordverdächtig! Nachgemessen wurde bei der bislang größten Sonnenblumenpflanze eine Höhe von 9,17 Metern. Ein Blütenkorb kann gut und gerne 15.000 Einzelblütchen aufweisen. Bei den für die Kerngewinnung gezüchteten Sorten liegt die Ausbeute pro Blütenkorb zwischen 1000 und 2000 Kernen. Junge Blätter und Knospen richten sich nach dem Stand der Sonne aus und folgen ihm im Tagesverlauf. Wenn sich die Blütenkörbe öffnen, richten sie sich gewöhnlich nach Süden aus und bleiben in dieser Position – wer also seine Orientierung verliert und nachts an einem blühenden Sonnenblumenfeld vorbeigeht, weiß zumindest, wo Süden ist.

Natürlich wurden auch Gartenformen der Sonnenblumen gezüchtet, bei denen es auf den Zierwert ankommt. Am gefälligsten wachsen Sortengruppen, die etwa mannshoch werden und sich gut verzweigen. Regelrechte Schnittsorten der Sonnenblumen – auch die gibt es –, gefüllt blühende und viele kompakte Züchtungen mit lange haltbaren Blütenkörben sind steril und bilden keinen Pollen aus. Solche Sonnenblumen werden zur kalten Pracht für hungrige Insekten und bleiben selbstverständlich kernlos. Erkundigen Sie sich am besten vor dem Kauf von Saatgut oder Pflanzen, ob sie solche Blindgänger vor sich haben und lassen diese besser stehen. Man muss ja auch gönnen können. ◦◦

KURZES PFLANZENPORTRÄT:

- *nicht winterharte, einjährige Pflanze*
- *je nach Sorte zwischen 25 und ca. 300 Zentimeter*
- *je nach Sorte wenig bis gut verzweigte Pflanzen mit proportional eher großen, herzförmigen Blättern*
- *Stiele rauh behaart*
- *typische Korbblüten an den oberen Zonen der Pflanzen, braune bis gelbe Röhrenblüten, gelbe bis dunkelrotbraune Zungenblüten in allen Nuancen dieser Farben, einfache bis gefüllte Blüten*
- *Blütezeit von etwa Hochsommer bis zum Frost*

STANDORT:

- *vollsonnig*
- *Beete, Felder; kleinwüchsige Sorten in Gefäßen*
- *Boden/Substrat locker und nährstoffreich*

PFLEGEGRUNDSÄTZE:

- *Aussaat als frostfreie Vorkultur ab April in Töpfe*
- *Auspflanzen möglich, wenn keine Fröste mehr drohen, dann auch Aussaat direkt ins Freiland*
- *Pflanzen nie austrocknen lassen*
- *von Hochsommer bis Frühherbst düngen*
- *Blütenstände zur Samengewinnung fruchten lassen*
- *Blütenstände zur weiteren Blumenbildung ausschneiden*
- *Pflanzen nach Frost abräumen, eventuell Samenstände als Wildvogelfutter noch stehen lassen*
- *Vermehrung durch Aussaat*

VERWENDUNG:

- *in Feldern, Beeten und teilweise Gefäßen*
- *Zierpflanze*
- *Nutzpflanze zur Kern- und Ölgewinnung*
- *Bienen- und Vogelnährpflanze*
- *Schnittblume*

DER FLIEDER

heiter, sommerverheißend und klassisch

NAME:
Flieder, Garten-Flieder, Gewöhnlicher Flieder

BOTANISCHER NAME:
Syringa vulgaris

BOTANISCHE FAMILIE:
Ölbaumgewächse (Oleaceae)

BEHEIMATET IN:
Balkan bis etwa Persien

IN EUROPA EINGEFÜHRT:
1560 nach Wien

Wer im Garten Platz für nur ein einziges übermannshohes Ziergehölz hat, wird sicher Garten-Flieder oben auf die Wunschliste setzen. Diese Pflanze gehört für viele Menschen zu ihren Kindheitserinnerungen: der Garten der Oma, die ersten Mai-Feiertage in der Schrebergartenlaube mit Erdbeerkuchen oder Flieder in einer Vase zu einem Frühsommerfest. Solche Erinnerungen sind sehr nachhaltig und nicht selten führen sie 20, 30 Jahre später zur Haltung, dass in einem eigenen »richtigen« Garten etwa Veilchen, Rhabarber oder eben Flieder einfach dazugehören müssen.

Der Garten-Flieder kam zu Beginn der sogenannten Neuzeit nach Mittel- und Nordeuropa. Es

Tab. 858

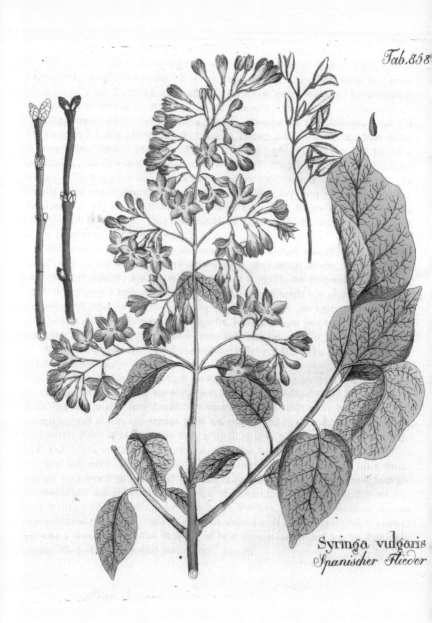

Syringa vulgaris
Spanischer Flieder

DER FLIEDER

war die Epoche, in welcher der Bürgerstand an Einfluss gewann, sich selbstbewusster gegenüber Adel und Klerus positionieren konnte und vor allem Kaufleute große Reichtümer ansammelten, mit denen sie selbst Könige finanzieren konnten. Damit einherging, dass man Gartenpflanzen nicht mehr in erster Linie als Medizin oder Nahrung nutzen musste, sondern manche allein aufgrund ihrer Schönheit in bürgerliche Gärten und Parks der Erb- und Handels-Fürsten Einzug hielten. Der Orient war da schon etwas weiter, zumindest was die Ausstattung der Anlagen der Upperclass betraf. Hier blühten schon längst etwa Tulpen, Hyazinthen und Flieder ohne »praktischen Zweitnutzen«.

Es ist sicher kein Zufall, dass etwa zeitgleich mit der Tulpe auch der Flieder in unsere Gefilde kam; die Zeit war reif dafür. Selbst der Weg war der gleiche. Wieder war es der Gesandte, der im Dienste des derzeitigen Kaisers am Hofe des Osmanischen Herrschers nicht nur hochoffizielle diplomatische Dienste leistete, sondern auch den Waren- und Pflanzenaustausch ankurbelte: Ogier Ghislain de Busbecq (1522–1592), der schon Tulpen aus den Sultansgärten mitbrachte und diese Carolus Clusius zur weiteren Verbreitung überließ, fand auch am Flieder Gefallen. Es heißt, dass Busbecq seine Pflanze einfach in den Vorgarten seines Wiener Hauses pflanzte, das an einer Bastion der damaligen Stadtmauer, der Mölker Bastei lag. Nach seinem diplomatischen Dienst wirkte er ab 1662 in der östereichischen Metropole als Lehrer der Kaiserkinder – doch nur zwei Jahre lang: Bald begleitete er Mitglieder der Kaiserfamilie nach Spanien und Frankreich und war dort deren Botschafter und Berater.

Zumindest in Spanien hat Busbccq womöglich seinen – damals unerhört exotischen – Fliederbusch wiedersehen können. Schon zur Spätantike führten die Mauren ihn auf die Iberische Halbinsel ein, doch nördlich der Pyrenäen war das Interesse für diese Pflanze ohne Nährwert damals offenbar nicht besonders groß.

Im Mitteleuropa der Renaissance sah die Sache nun aber völlig anders aus. Gesellschaftsschichten, die sich Luxus leisten konnten, begeisterten sich für neu eingeführte Pflanzen, und schnell wurden solche Gewächse, die nicht jeder haben konnte, zu begehrten Statussymbolen. Auch der Flieder gehörte dazu und war lange vornehmlich in Schlossgärten zu finden – selbst die russischen Zaren hatten eine Schwäche für diese Duftpflanze. *Syringa vulgaris* lässt sich recht unkompliziert durch das Abnehmen von Wurzelausläufern, die am besten schon oberirdische Reiser gebildet haben, vermehren. Allerdings ist das bei Gartensorten, die entwickelt wurden, so nicht möglich, denn diese bewurzeln sich selbst als Stecklinge nur sehr schwer. Darum wurden sie auf die Wildart veredelt, und das war generationenlang so teuer, dass sich nur wohlhabende Leute diesen Edel-Flieder – so nannte man Gartensorten mit spektakulären Farben, größeren Blütenständen und reicherer Blütenfülle, als es die Wildart zeigen kann – leisten konnten. Erst ab etwa Mitte bis Ende des 19. Jahrhunderts konnten sich in Frankreich, England und Deutschland erste Baumschulen jenseits der Schlossgärtnereien etablieren, und als auch die Kaufkraft breiterer Bürger- und Großbauernschichten zunahm, wurde Edel-Flieder populärer. Zwar gehörte er immer noch nicht zu den

Gehölzen der unteren Preiskategorien, doch wer auf sich hielt, pflanzte ihn. Die heute noch schönsten Sorten stammen aus diesem Jahrhundert, etwa die gefüllt blühende weiße 'Madame Lemoine', die zartlila ebenfalls gefüllt blühende 'Michel Buchner' oder die unerreichte, dunkel purpurlilafarbene 'Andenken an Ludwig Späth'. In der Mitte des 20. Jahrhunderts entstanden in Russland fantastische Fliedersorten, von denen beispielsweise 'Schöne von Moskau' durch ihre perlweiß-rosa schimmernden, gefüllten Blüten ein wirkliches Gartenjuwel ist. Diese Züchtungen wurden nach dem Zerfall der Sowjetunion auch in Westeuropa bekannt und sorgten für Furore.

Bei der Vermehrung des Edel-Flieders brachten neuartige Methoden zusätzlich bemerkenswerte Veränderungen. Die Mikro-Kultur wurde verfeinert. Grob gesprochen wird Gewebe in Reagenzschalen kultiviert und aufbereitet, sodass sich aus Einzelzellen komplette Jungpflanzen entwickeln. Das Verfahren ist langwierig, erfordert spezielle Expertise und Ausstattung und ist demzufolge teuer. Durch Professionalisierung und gute Vermehrungsrate führte es dennoch zu erschwinglichen, sehr vitalen Pflanzen. Ein äußerst willkommener Effekt ist zudem, dass Edel-Flieder als Veredlung oft anfällig für diverse Pilz- und Bakterienkrankheiten ist, da diese Organismen die Veredlungsstelle als Eintrittspforte nutzen können. Dieses Risiko besteht bei mikrovermehrten Fliederbüschen nicht und solche Pflanzen sind pumperlg'sund, auch wenn sie eigentlich schon 150 Jahre alt sind ... ✎

KURZES PFLANZENPORTRÄT:

- *mehrjähriges, winterhartes Gehölz*
- *buschiger, aufstrebender, verzweigter Wuchs*
- *je nach Standort und Sorte etwa 2 bis 6 Meter*
- *gegenständiges, gestieltes, herzförmiges Laub*
- *kleine, vierzählige, sehr stark duftende Blüten, die in 15 bis 25 Zentimeter langen, kegelförmigen, dichten Rispen zusammenstehen; typische Farben reichen von Hell- bis Dunkelviolett, Gartenformen auch weiß, rosa, zartgelb oder rötlich purpurn; gelegentlich zweifarbig oder mit gefüllten Blüten*
- *Blütezeit Frühsommer*
- *aufrecht stehende Kapselfrüchte, die, wenn sie am Strauch getrocknet sind, etwa zentimetergroße Samen entlassen*

STANDORT:

- *vollsonnig, Halbschatten wird toleriert*
- *Boden locker, möglichst humos und fruchtbar; ärmere Standorte mit Sandböden werden toleriert*
- *sehr langlebiges Gehölz*

PFLEGEGRUNDSÄTZE:

- *guten Pflanzplatz wählen*
- *Gartensorten sind oft auf die Wildart als Busch oder Stamm veredelt – in diesem Fall auf wilde Triebe aus dem Boden achten und diese früh direkt am Wurzelursprung oder am Stamm ansatzlos entfernen*
- *nicht veredelte Gartensorten stammen meist aus Mikro-Kultur; sie wachsen am Anfang etwas langsamer, auf lange Sicht entfällt aber das Wildtrieb-Problem*
- *nach der Blüte, wenn möglich, die Fruchtstände entfernen – bei jungen Pflanzen ist das hilfreich für gutes Höhenwachstum, bei alten Pflanzen ist das weniger wichtig*
- *junge Sträucher oder Bäume nicht austrocknen lassen, voll ausgewachsene Flieder überstehen auch trockene Sommerphasen*
- *etwa zur Blütezeit die Pflanzen mit Gehölzdünger versorgen*
- *Triebe für die Vase erst schneiden, wenn die Rispe zu etwa drei Vierteln aufgeblüht ist; für eine gute Haltbarkeit im Wasser mit einem scharfen Messer das Holz unten 3 oder 4 Zentimeter lang spalten und möglichst viel Blattwerk entfernen – bereits neue grüne Triebe bis auf zwei Blätter einkürzen; Wasser etwa täglich wechseln*
- *Fliederbüsche, die in einer Hecke wachsen, direkt nach der Blüte in Form schneiden; Neutriebe schonen, wo irgend möglich, denn Blütenknospen für die kommende Saison werden an deren Spitze jeden Hochsommer neu angelegt und überwintern*

VERWENDUNG:

- *Zierstrauch*
- *Schnittblume*

DIE KARTOFFEL

geerdet, grundlegend und geschichtsträchtig

NAME:
Kartoffel, Erdapfel

BOTANISCHER NAME:
Solanum tuberosum

BOTANISCHE FAMILIE:
Nachtschattengewächse (Solanaceae)

BEHEIMATET IN:
Südamerika, Schwerpunkt: Teile von Venezuela, Chile, Bolivien und Venezuela

IN EUROPA EINGEFÜHRT:
wahrscheinlich etwa in den 1560er Jahren auf den Kanarischen Inseln, ab 1567 nach und nach auf dem europäischen Festland

---

Der Anfang in Europa war für die Kartoffel als Gemüsepflanze nicht besonders vielversprechend. Es geht die Anekdote, dass Sir Francis Drake - seines Zeichens Freibeuter und Armada-Bezwinger - von seinen Reisen in die »Neue Welt« einst seiner Gönnerin Kartoffeln mitbrachte und ihr zum Verkosten kredenzte. Die Lady war keine Geringere als die ikonenhafte Elizabeth I. von England. Man kann sich vorstellen, wie sie in prunkvoller Renaissance-Robe - den kostbaren Spitzenkragen durch eine Serviette abgedeckt - nach dem ersten

Tab. 835.

Solanum tuberosum.

Essbarer Nachtschatten.

DIE KARTOFFEL

Bissen den Mund verzog, die Pellkartoffel, um die es sich wohl gehandelt hat, zurückgehen ließ und eher Gefallen an einem Pfeifchen mit dem Tabak fand, das aus der nach einem Beinamen der Königin benannten Kolonie »Virginia« stammte. Vielleicht mochte Elizabeth tatsächlich Porridge lieber. Pommes frites – für die berühmten britischen »fish & chips« – wurden erst kurz nach dem Tod der englischen Königin erfunden, allerdings in Belgien.

Hinsichtlich der Kartoffeln und ihrer Bedeutung als tragendes Ernährungsmittel irrte sich die ansonsten sehr kluge Elizabeth wie so viele andere damals. Nicht nur in England, sondern auch auf dem europäischen Festland musste man allerdings erst einmal üben, wie man Kartoffeln anbaut, und beherzigen, dass man auf keinen Fall die Früchte, sondern nur die Knollen essen darf. Der Spruch »Was der Bauer nicht kennt, isst er nicht ...« lässt sich schlüssig erweitern in »... und baut er auch nicht an.« Die Masse der Bevölkerung ernährte sich damals von Getreide als Hauptstärkequelle. Hier und da erkannte ein hellsichtiger Mensch, der etwas zu bestimmen hatte, den Wert der Kartoffel zur Sicherstellung der Versorgung und ließ ein Machtwort verkünden. Friedrich II., »der Große« oder »der Alte Fritz« genannt, hatte etwa Kartoffeln per Dekret in Preußen eingeführt. Das Ganze wurde ab dem ausgehenden 18. Jahrhundert weit über Preußens damalige Grenzen hinaus zum Selbstläufer und sämtliche regionale Küchen im deutschsprachigen Raum entwickelten besondere Rezepte, von denen Reibekuchen und Knödel sozusagen die Nord-Süd-Achse der Zubereitung markieren. Mittlerweile werden Deutsche sogar abfällig als »Kartoffel« bezeichnet.

Es gibt sicherlich erheblich schlimmere Schimpfwörter. Immerhin stehen Kartoffeln für die Bereitschaft, etwa Gutes von anderen Kulturen anzunehmen, es vielfältig zu variieren und so wieder zu verbreiten, dass es zu allem anderen bekömmlich ist.

Für einige Menschen war die hohe Produktivität der Kartoffel, als sie einmal in Europa eingeführt war, lebensrettend, doch das war eine trügerische Sicherheit. Am klarsten lässt sich das mit den tragischen Geschehnissen in Irland zwischen 1845 und 1849 erläutern: Kartoffeln waren dort bereits das wichtigste Grundnahrungsmittel. Viele arme Menschen hatten nur sehr wenig Land, um sich und ihre Familie zu ernähren, und waren auf die guten Erträge der Kartoffeln angewiesen. Das Ende dieser schicksalshaften Monokultur leitete ein Pilz ein: *Phytophtora infestans*. Diese Kraut- und Knollenfäule hatte von den USA auch den Weg nach Europa gefunden. Der Schadpilz vermehrte sich im feuchten, kühlen irischen Klima sehr schnell und fand fatalerweise Kartoffelsorten vor, die er rasch befallen konnte – denn auch damals gab es anfällige und widerstandsfähige Selektionen. Die Pflanzen und Knollen waren innerhalb weniger Wochen komplett verfault. Das hatte man vorher noch nie erlebt – und keinen Plan B in Form von Vorräten anderer Nahrungsmittel in petto. Die Missernten wiederholten sich über mehrere Jahre. Mehr als ein Zehntel der irischen Bevölkerung verhungerte; doppelt so viele Iren wanderten in dieser Zeit nach Amerika aus. Auch wenn drei Nachfahren dieser Auswanderer sogar US-Präsidenten wurden – John F. Kennedy, Ronald Reagan und Joe Biden –, ändert das nichts an dem Leid, an dem die Kartoffel jedoch keine Schuld trägt ... und nicht einmal der vermaledeite Pilz. Der Mensch hat wieder einmal zu kurzfristig gedacht. ◈

DIE KARTOFFEL

KURZES PFLANZENPORTRÄT:

- *schnell wachsende krautige Pflanzen*
- *mehrjährig als Knollenpflanze mit Ruhezeiten*
- *etwa halbmeter- bis meterhoch*
- *gefiedertes, wechselständiges, gras- bis blaugrünes Laub; Einzelfieder gebuchtet*
- *in Wickeln zusammenstehende Gruppen; stehende, nickende, weiße, rosa oder lila Blüten an den Triebspitzen*
- *Blütezeit sortenbedingt etwa sechs Wochen lang zwischen Mai und September*
- *bei mittleren und späten Sorten Bildung der Knollen nach der Blüte*
- *immense Bedeutung als Gemüsepflanze*

STANDORT:

- *vollsonnige Lage*
- *humoser, eher lockerer, nährstoffhaltiger Boden*

PFLEGEGRUNDSÄTZE:

- *Pflanzknollen ab einer Bodentemperatur etwa über 7 °C in Furchen in Freilandbeete legen*
- *frühe Sorten ab März als Knolle frostgeschützt vortreiben*
- *vor allem grüne Pflanzenteile vor Frost schützen*
- *Pflanzen mehrmals im Jahr für die Steigerung der Knollenbildung anhäufeln*
- *Knollen werden geerntet, wenn die Blüten Früchte gebildet haben bzw. wenn das Laub abgestorben ist.*
- *ein Teil der intakten Knollen wird für eine Neupflanzung in der nächsten Saison kühl, dunkel und frostfrei gelagert*

VERWENDUNG:

- *äußerst nahrhafte, stärkeliefernde, bedeutsame Gemüsepflanze im Freiland*
- *als Gemüsepflanze in großen Kübeln ebenfalls kultivierbar*

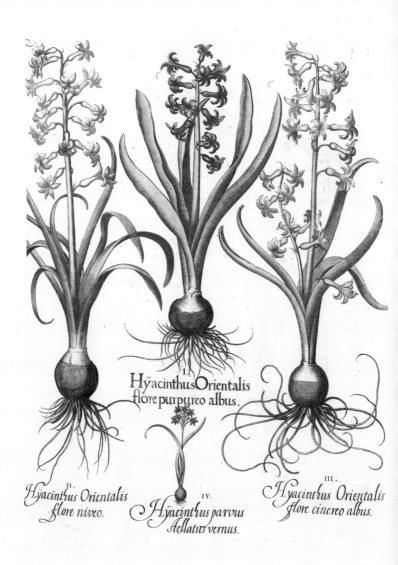

I.
HyacinthusOrientalis
flore purpureo albus.

II.
Hyacinthus Orientalis
flore niveo.

IV.
Hyacinthus parvus
stellatus vernus.

III.
Hyacinthus Orientalis
flore cinereo albus.

DIE HYAZINTHE

DIE HYAZINTHE
legendär, prächtig und duftend

NAME:
Hyazinthe

BOTANISCHER NAME:
Hyacinthus orientalis

BOTANISCHE FAMILIE:
Spargelgewächse (Asparagaceae)

BEHEIMATET IN:
*östliches Mittelmeergebiet, südliche Regionen am Schwarzen
Meer bis südöstliche Regionen am Kaspischem Meer*

IN EUROPA EINGEFÜHRT:
*vermutlich 16. Jahrhundert, 1613 abgebildet
im »Hortus Eystettensis« (siehe Abbildung)*

Wussten Sie, dass Hyazinthen mit einem kleinen
Zeitversatz zu den Tulpen ebenfalls aus Klein-
asien eingeführt wurden und gleichermaßen
exorbitant teure und bei der Upperclass überaus
begehrte Blumen waren? Im Mittel kosteten im
»Goldenen flämischen Zeitalter« des Barocks
Hyazinthenzwiebeln ebenso viel wie die meisten
Tulpen. Einige rare zweifarbige, gefüllt blühende
Sorten brachten dem Anbauer Hunderte von
Gulden pro Zwiebel ein – das war in diesen Zeiten
der Jahresverdienst eines Handwerkers. Zwar sind
die teuersten Hyazinthen nie so kostpielig gewesen

wie die begehrtesten Tulpen vorher, doch waren
sie längst noch nicht einmal für die Mittelschicht
erschwinglich. Bei alldem gab es glücklicherweise
keine neue Auflage des Tulpenwahns inklusive
Börsencrash.

Doch beginnen wir am Anfang: Ihren Namen
erhielt die Hyazinthe laut griechischer Mythologie
durch einen Unfall, in den der strahlende Gott Apollon verwickelt war. Der verliebte sich vor langer Zeit
in den schönen Jüngling Hyacinthos. Da beide gerne
Sport trieben, wetteiferten sie fröhlich miteinander
im Diskuswurf. Dummerweise hatte aber der Gott
des Westwindes, Zephyr, ebenfalls ein Auge auf
Hyacinthos geworfen, wurde allerdings von jenem
nicht erhört. So blies er neiderfüllt die Backen auf
und gab der Diskusscheibe, die Apollon geworfen
hatte, mit einer heftigen Böe einen Dreh in Richtung
des staunenden Knaben – er muss wohl östlich von
Apollon gestanden haben. Das Wurfgeschoss traf
den Begehrten am Kopf, so dass er an Ort und Stelle
verschied. Apollon war untröstlich, errichtete
seinem Geliebten einen ansehnlichen Grabhügel
und ließ aus dem Blut des Verstorbenen Blumen
wachsen, die jedes Jahr im Frühling an diese Liebe
erinnern sollten. Sie ahnen es: Es waren angeblich
Hyazinthen – blaue, allerdings, sonst wären es Anemonen gewesen und die waren bereits für jemanden
anderen, dem Ähnliches widerfahren ist, vergeben.
(Sie wissen sicher, dass ich Adonis meine, dem
Aphrodite mit Anemonen ein blumiges Gedenken
setzte.) Allerdings bin ich nicht so sicher, ob die
Wildform der Garten-Hyazinthe tatsächlich in der
Hyacinthos-Sage gemeint war. Es gibt zahlreiche
Beispiele von missverständlichen Pflanzenbezeich-

nungen aus der Antike, und die Hyazinthen haben es erst Jahrhunderte nach dieser allgemein bekannten Sage in die Gärten geschafft.

Tatsächlich gelangten sie erst wieder ins kollektive Gärtner-Gedächtnis, als man sie zu Beginn der Renaissance als schicke Luxuspflanze aus dem Orient wiederentdeckte. Interessant war dabei, dass besonders dicke Zwiebeln der Hyazinthe säulenförmige, massige Blütenstände bildeten, die sehr gut in die Parks der prunkliebenden Käuferschicht passten. Diese Zwiebeln werden hochgepäppelt und zerklüften fast immer in dem Jahr, nachdem sie sich so prächtig gezeigt hatten, dass sie ohne Stütze – kleine Stäbchen wurden extra dazu verwendet – meist unter ihrer eigenen Last kippen. Die kleineren Zwiebeln schicken dann feinere, naturhafter wirkende Blütenstände ans Licht, die den nahe verwandten Hasenglöckchen – im Englischen »Bluebells« – gleichen und keinen Deut weniger reizvoll sind. Außerdem bleiben die Farben erhalten. Auch wenn es kaum so auffallend zweifarbige Sorten wie bei ihrem Mega-Hype mehr gibt, ist die Farbskala schon eindrucksvoll und weit größer als die ähnlicher Pflanzen mit Glöckchenblüten.

Und bei keiner einzigen echten Hyazinthe ist durch Züchtung ihr Duft verloren gegangen ... Vielleicht ist sie ja doch göttlichen Ursprungs? ✿

DIE HYAZINTHE

KURZES PFLANZENPORTRÄT:

- *winterharte Zwiebelpflanze*
- *Ruhezeit zwischen Hochsommer und etwa Erstfrühling*
- *je nach Art/Sorte zwischen 15 und ca. 30 Zentimeter*
- *pro Zwiebel ein Blattschopf und inmitten meist ein Schaft mit kleinen, abstehenden oder hängenden Blüten*
- *lilienähnliche, kleine, stark duftende Einzelblüten in Weiß, Blau, Purpur, Rosa, Gelb, Lachsorange, Granatrot*
- *Blütezeit gewöhnlich sorteneigen zwischen März und April*
- *Zierwert sind die Blüten*

STANDORT:

- *im Freiland oder Gefäßen sonnig*
- *Boden/Substrat locker*

PFLEGEGRUNDSÄTZE:

- *Zwiebeln zwischen Vollherbst und Winteranfang pflanzen*
- *austreibende Pflanzen feucht halten*
- *vom Austrieb bis zum Welken der Blüten düngen*
- *welken Blütenstand ausschneiden*
- *Laub von selbst absterben lassen und erst entfernen, wenn es sich leicht abziehen lässt*
- *Vermehrung durch Abtrennen der Brutzwiebel nach der Sommerruhe*

VERWENDUNG:

- *in Beeten und Gefäßen*
- *als Treibzwiebel für Winterflor*

DIE STUDENTEN-BLUME

leuchtend, verlässlich und unterschätzt

NAME:
Studentenblume, Tagetes, Samtblume, Türkische Nelke

BOTANISCHER NAME:
Tagetes patula, Tagetes erecta, Tagetes tenuifolia

BOTANISCHE FAMILIE:
Korbblütler (Asteraceae)

BEHEIMATET IN:
Mittelamerika, Schwerpunkt Mexiko

IN EUROPA EINGEFÜHRT:
Anfang 16. Jahrhundert – sehr wahrscheinlich in Spanien
und Portugal

M an meint sie zu kennen – die Tagetes. In Massen werden sie verkauft und meist auch gepflanzt, wenn es darum geht, Sommerflor in goldgelben, orangefarbenen oder rot-braunen Farben zu gewährleisten. Aber die Tagetes ist mehr – und kann mehr, viel mehr. Rollen wir mal diesen Fall auf: Die Arten der Gattung *Tagetes* stammen aus Mittelamerika. Die Ersten von ihnen kamen bereits im 16. Jahrhundert mit weiteren interessanten Zier- und Nutzpflanzen des »neu entdeckten« Kontinents

a.Tagetes Indica major flore citrino simplici. b.Tagetes Indica major flore luteo simplici. c. Tagetes media flore aureo simplici limbo luteo. d. Tagetes media flore luteo simplici. e. Tagetes Indica media flore pleno, simplici luteo pallido. f. Tagetes Indica media flore luteo et aureo pleno. Fleur de Rome, Indianisch-Nägelein.

nach Europa. *Tagetes erecta* ist nachweislich bei uns
seit 1561 in Kultur, *Tagetes patula* als »Indianisches
Nägelein (= Nelklein)« im Kräuterbuch von Hierony-
mus Bock 1577 erwähnt. Nach und nach interessierte
man sich auch für andere Arten. Die im Zuge des
allgemein zunehmenden Bewusstseins um ökologi-
sche Zusammenhänge gerade immer beliebter wer-
dende sehr bienen- und schmetterlingsfreundliche
Tagetes tenuifolia ist 1795 in Europa angekommen.
Carl von Linné benannte die Pflanzengattung im
Jahre 1753 nach dem etruskischen Gott der Weisheit
und Prophetie namens Tages.

Aber wie kam es zu dem Namen »Studentenblume«, der schon 1654 beispielsweise im »Herbarium Portatile« von Thomas Panckow (1622–1665) in
Zusammenhang mit der Tagetes verwendet wurde?
Eine Erklärung sind die runden, bunten Abzeichen,
die Besucher von Akademien und Universitäten als
Erkennungsmerkmal trugen und die wohl oft goldene und rote Farben hatten – viele Tagetes blühen
zweifarbig und sind diesen Ansteckern wohl ähnlich
gewesen.

Über die Umstände der Einführung von
Tagetes-Arten ist leider wenig bekannt, mehr aber
über die Bedeutung, die diese Pflanzen bei den
Azteken in Mexiko hatten. Belegt ist, dass die
Glänzende Studentenblume, *Tagetes lucida*, zeremo-
niell geraucht wurde – möglicherweise brachte die
dabei berauschende, »bewusstseinserweiternde«
Wirkung der getrockneten Pflanzenteile Herrn
Linné auf die Idee, die Verbindung zu einem Wahr-
sager-Gott zu ziehen. *Tagetes lucida* schmeckt
übrigens ähnlich wie Estragon – wer das Aroma der
Triebe zu streng findet, wird wohl bis zum Oktober

auf die Blüten warten und mit ihnen Essige und Öle aromatisieren. Falls ein Lakritzgeschmack gewünscht wird – kein Problem: *Tagetes filifolia* liefert diesen freigiebig. Diverse Tagetes lassen sich als Tee aufgießen und entfalten beispielsweise magenberuhigende oder entzündungshemmende Wirkungen. In sonnenreichen Gegenden auf dem ganzen Globus werden Tagetes felderweise zur Gewinnung von Ölen für Verwendungen bei Duft-Therapien, pflegender Kosmetik oder Parfümkreationen angebaut, oder man gewinnt Farbstoffe aus den Blüten. Die lassen sich nämlich bestens für Färberzwecke verwenden. So können mit *Tagetes-tinctoria*-Blüten Wolle oder Lebensmittel orangegelb gefärbt werden und sogar *Tagetes erecta* wird als Farbgeber eingesetzt – meist aber mittelbar: In Futter für Legehennen beigemischt, werden beispielsweise die Eidotter intensiver gelb. Den Vögeln schadet das nicht.

Tja, und dann ist da noch die in Gärtnerkreisen wohlbekannte Wirkung gegen Fadenwürmer. Die bei Fachleuten als Nematoden bekannten Lebewesen können Böden für bestimmte Kulturen ungeeignet machen, weil sie sich schnell vermehren und Wurzeln vieler Pflanzenarten nachhaltig schädigen. Tageteswurzeln ziehen Nematoden zwar auch an, töten sie aber durch einen Inhaltsstoff der Pflanzen ab. So kann ein Boden auf biologische Weise wieder in Schwung gebracht werden. Und weil wir gerade beim Thema »ökologischer Gartenbau« sind: Studentenblumen mit nicht gefüllten Blüten sind ausgezeichnete Futterpflanzen für Bienen & Co.

Ein bisschen Wasser muss ich allerdings nun in den aufkommenden Tagetes-Enthusiasmus-Wein doch noch gießen: Die Thiophenverbindungen in der Pflanzensubstanz können bei empfindlichen Menschen phototoxische Allergiereaktionen auf der Haut hervorrufen. Alle Betroffenen, die nicht auf dieses spannende Kraut aus Mexiko verzichten möchten, bedecken daher Arme und Beine und tragen geschlossene Schuhe und Handschuhe, wenn Sie an und mit Tagetes werkeln.

Wer nicht gerade ein Botanik-Experte mit Tagetes-Doktorarbeit als Referenz ist, kann sich jederzeit auf eine ganz persönliche Entdeckungsreise machen, um sich diese vielfältig talentierte Pflanzengattung zu erschließen. Der erste Schritt dabei ist, sich nicht mehr mit dem Standardangebot von Baumärkten und Gartencentern zu begnügen, sondern bei diversen Saatgutanbietern zu stöbern und selber zu experimentieren. Probieren geht einher mit studieren – das war schon immer so, wenn auch das Original-Sprichwort anders lautet. Vielleicht sollten wir den deutschen Blumennamen mal wörtlich nehmen? ❧

KURZES PFLANZENPORTRÄT:

- *krautige Pflanze, bei uns einjährige Kultur üblich*
- *buschiger, verzweigter Wuchs*
- *je nach Art und Sorte 20 bis 120 Zentimeter*
- *gegenständiges, meist zerteiltes Laub*
- *typische Blütenstände der Korbblütler einzeln oder in Scheinrispen an den Triebenden*
- *Blütenfarben von hellem Cremegelb über Goldgelb und Orange bis zum warmen, samtigen Dunkelrot und Braun; gelegentlich zweifarbig*
- *deutlich erkennbare, längliche, unterständige Blütenboden*
- *Blütezeit Frühsommer bis zum Frost*
- *pflanzenfamilientypische Achänenfrüchte mit recht großen, nadelförmigen Samen*

STANDORT:

- *vollsonnig*
- *Boden locker, humos und fruchtbar; gut Feuchte haltend*
- *Kultur in sonnig aufgestellten Gefäßen gut möglich*

PFLEGEGRUNDSÄTZE:

- *nährstoffhaltige Erde oder Substrat bereitstellen*
- *erst pflanzen, wenn keine Frostgefahr mehr besteht*
- *Vorkultur durch Aussaat ab März an einem hellen Fenster gut möglich*
- *Aussaat direkt in Gefäße auf Balkon und Terrasse möglich; die Pflanzen blühen aber später als vorkultivierte*
- *Pflanzen vor Schneckenbefall von Anfang an schützen*
- *vor allem bei großblumigen Arten oder Sorten ist Ausputzen von Verblühtem förderlich für die Nachblüte*
- *stets gut mit Dünger versorgen*

VERWENDUNG:

- *Rabattenblume für den Sommerflor*
- *Sommerblume für Balkonkästen und andere Pflanzgefäße*
- *einige Arten eignen sich als Gewürz-, Tee-, oder Aroma-Pflanze*
- *großblumige, langstielige Sorten geben schöne Schnittblumen ab*

DIE CANNA

exotisch, markant und pflegeleicht

NAME:
Indisches Blumenrohr, Canna

BOTANISCHER NAME:
Canna indica

BOTANISCHE FAMILIE:
Blumenrohrgewächse (Cannaceae)

BEHEIMATET IN:
Südamerika – etwa von Mexiko bis Kolumbien

IN EUROPA EINGEFÜHRT:
um 1570 auf der Iberischen Halbinsel

D iese Pflanzen sind pure Exotik, und das auf eine völlig unkomplizierte Weise. Natürlich stammen sie nicht aus Europa – das sieht man auf den ersten Blick. Und da Canna auch einen zweiten und viele weitere Blicke auf sich ziehen, verwundert es gar nicht, dass sie zu den ersten Pflanzen gehören, die nach der Entdeckung Amerikas durch die Spanier und Portugiesen in den Schiffladungen gen Heimatkontinent landeten. Mit Sicherheit hat auch die gute Lager- und Transportfähigkeit der Knollen dazu beigetragen.

Dass unsere Canna das Artepitheton »indica« trägt, hat nur mittelbar mit dem asiatischen Sub-kontinent zu tun und ist die Folge eines Irrtums.

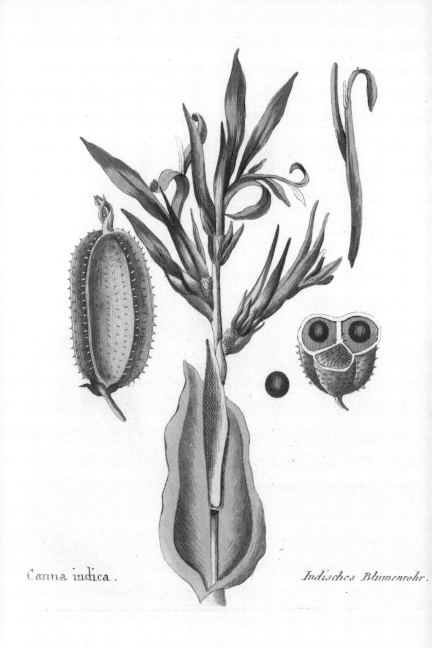

Canna indica.   Indisches Blumenrohr.

Bekanntlich nahmen die ersten Europäer an, dass die Karibik und das mittel- und südamerikanische Land, das sie kennenlernten, zu Asien, sprich Indien, gehörten. Schließlich war Christoph Kolumbus aufgebrochen, um einen Seeweg in dieses für den Handel überaus interessante Land zu finden. Zeit seines Lebens wusste er nicht, dass Asien noch einen halben Globus entfernt von den Gegenden lag, in denen er nach der Atlantik-Überfahrt an Land ging. Die Inseln, die er besetzte, hatten schon früh den Namen »Westindische Inseln« bekommen.

Canna wachsen wild in Mittel- und Südamerika. Sie waren bei der Bevölkerung durchaus bekannt als Nahrungsmittel, denn die Knollen der Pflanzen liefern Stärke und können zu Brei gekocht oder als Mehl verarbeitet werden. Ein falscher Artname lautet »edulis« für essbar. Ein weiterer deutscher Name ist »Achira« und wird meist verwendet, wenn Canna als Nutzpflanze angebaut wird. Das nahm schon vor etwa 4500 Jahren in den Anden seinen Anfang; die heutigen Schwerpunkte liegen eher in Australien. Canna produzieren jedoch weniger Knollen als etwa Kartoffeln oder Süßkartoffeln und sind daher eher Randerscheinungen im landwirtschaftlichen Geschehen. In frostfreien, subtropischen und tropischen Gegenden vermehren sie sich übrigens gut durch Knollensprosse und Samen und können große Trupps bilden, wenn die Bodenfeuchte ausreicht.

»Canna« ist das lateinische Wort für »Rohr« und beschreibt die hohlen Stiele dieser Staude, die von den großen bananenartigen Blättern an ihrem Ansatz umschlossen werden. Der Blütenstand ist bereits bei den Wildarten ansehnlich und die ganze

Pflanzengestalt wirkt unerhört tropisch. Da wundert es niemanden, dass diese spektakuläre Neuheit in dem berühmten botanischen Grundlagenwerk »Hortus eystettensis« von Basilius Besler detailgetreu und in Farbe 1613 dargestellt wurde. Eine rote Spielart findet sich dort auf Tafel 332, eine gelbe auf Tafel 335.

Zur Beliebtheit des Indischen Blumenrohrs hat gewiss seine Robustheit beigetragen. Ähnlich wie Dahlien sind die Pflanzen frostempfindlich und wachsen staudig aus Knollen, die im Spätherbst aufgenommen werden und sich sehr gut frostfrei lagern lassen. Meiner Erfahrung nach sind Canna noch einfacher handhabbar als die bekannteren Gartenpflanzen, die Dahlien, denn Canna-Knollen können unbeschadet kellerkühl oder temperiert überdauern. Ich hatte einmal eine Partie notdürftig mit anhaftender Erde im November unter meinem Schreibtisch in einer Stofftasche deponiert (und vergessen, dass sie dort waren) und staunte sehr, als sich im Februar die ersten Blätter zeigten. Cannaknollen teile ich spätestens am Valetinstag und setze die Stücke in geräumige Töpfe, um sie bis zum Auspflanzen im Mai im Zimmer vorzukultivieren. Die Blätter alleine sind schon eine echte Schau!

Canna waren für Blumenfans verfügbar, als sich eine breitere Bürgerschicht etwa ab dem 19. Jahrhundert Privatgärten einrichtete, und schon über 100 Jahre gibt es Sorten mit sehr großen Blüten und fantastisch gefärbtem Laub sowie unterschiedlichen Wuchshöhen. Besonders ungewöhlich sind holzfarbene, gestreifte oder schwarzrote Blätter. Die Farbpalette der Blüten ist beeindruckend erweitert bis hin zu kühlem Rosa und cremigem Weiß. Auch wenn schon immer sehr gute Sorten im Handel waren, hat die Züchtung in den letzten etwa 30 Jahren stetig augenfällige neue Impulse geliefert. Selbst Stadt-gärtner sind auf *Canna indica* aufmerksam geworden und man sieht sie sogar auf bepflanzten Verkehrs-inseln – Canna scheint (wieder) in Mode zu kommen.

Ist es nicht bemerkenswert, dass eine solche Tropenschönheit sich so selbstverständlich in unsere Gärten einfügt, ohne im Geringsten ihren Charakter einzubüßen? ❧

KURZES PFLANZENPORTRÄT:

* *nicht winterharte Knollenpflanze*
* *Ruhezeit (hierzulande) vom ersten Frost bis zum Antreiben im Frühling*
* *je nach Art/Sorte zwischen 40 und ca. 200 Zentimeter*
* *pro Knolle mehrere Austriebe*
* *großes bananenartiges Laub an einem Trieb*
* *je nach Sorte grüne, gemusterte, braune oder schwärzliche Blätter*
* *an der Triebspitze traubiger Blütenstand mit asymmetrischen großen Blüten in den Farben Weiß, Gelb, Signalrot, Orange, Dunkelrot, Rosa; gelegentlich gemustert*
* *Blütezeit von etwa Hochsommer bis zum Frost*

STANDORT:

* *vollsonnig*
* *Beete oder geräumige Gefäße*
* *Boden/Substrat locker und nährstoffreich*

PFLEGEGRUNDSÄTZE:

* *Knollen im Februar nach halbtägigem Wasserbad im Zimmer oder Gewächshaus in Töpfe pflanzen und vorziehen*
* *vorgezogene Pflanzen nach draußen setzen, wenn keine Fröste mehr drohen*
* *wahlweise Knollen ab Mai im Freiland pflanzen*
* *Pflanzen nicht austrocknen lassen*
* *von Sommer bis Frühherbst düngen*
* *Verwelktes stets entfernen*
* *nach dem ersten Frost Knollen ausgraben, frostfrei, am besten kühl und dunkel überwintern*
* *Vermehrung durch Teilen der Knollen vor erneutem Auspflanzen*

VERWENDUNG:

* *in Beeten oder Gefäßen*
* *als Schnittblume*
* *gelegentlich als Nutzpflanze*

64   DIE DAHLIE

DIE DAHLIE

unkompliziert, blüten – und variantenreich

NAME:
Dahlie, Georgine

BOTANISCHER NAME:
Dahlia × variabilis

BOTANISCHE FAMILIE:
Korbblütler (Asteraceae)

BEHEIMATET IN:
Mittelamerika – etwa von Mexiko bis Kolumbien

IN EUROPA EINGEFÜHRT:
für Europäer entdeckt 1575; in Europa kultiviert etwa ab 1791 zuerst in Madrid

Ich nehme einmal vorweg: Keine Pflanze, die im Frühling als Knolle gepflanzt wird und im Sommer blüht, hat eine so – spröde gesprochen – hervorragende Kosten-Nutzen-Bilanz wie die Dahlie. Werden sie richtig, sprich flach, und zur rechten Zeit an einen Sonnenplatz mit passendem Boden gesetzt, blühen sie unermüdlich bis zum Frost. Das Einzige, das gegen diese Pflanzen sprechen könnte, ist die Notwendigkeit, die Knollen im Spätherbst aus dem Boden zu nehmen und zu überwintern. Diese kleine Mühe haben die Gärtnerinnen und Gärtner Europas etwa ab dem frühen 19. Jahrhundert generationenlang gerne auf sich genommen und so ganz nebenbei ein Sortiment aufgebaut, das an Formen- und Farbenvielfalt der Blüten und Blätter sowie an Wuchshöhen in der Gartenpflanzenwelt kaum übertroffen werden kann.

Doch warum wurde die Dahlie erst etwa nach der Rückkehr von Alexander von Humboldt populär, als er 1804 von seiner berühmten Südamerika-Reise wieder heimgekehrt war und Samen der Dahlien an den Botanischen Garten in Berlin schickte? Die Dahlie wurde schließlich sehr viel früher von dem von Franziskanern ausgebildeten Indigenen Martin de la Cruz in einem Werk über »Kräuter der Neuen Welt« abgebildet und beschrieben, das von Juan Badiano (1484–nach 1552), ebenfalls ein getaufter Azteke, 1552 ins Lateinische übersetzt wurde. Dieser »Codex Badianus« gelangte nach Spanien. Knapp 100 Jahre später waren Dahlien, die bei den Azteken übrigens Acocotli – übersetzt »Wasserschlund« – oder Cocoxochitl bzw. Acocoxochitl, das bedeutet übersetzt »Wasser-Knollen-Blüte«, hießen, in einem anderen Werk veröffentlicht, das aus der Hand des spanischen Arztes Francisco Hernandez stammte. Der hielt sich zwischen 1570 und 1577 in Mexiko auf und verstarb daheim 1587. Sein Manuskript wurde erst 64 Jahre (!) nach seinem Tod veröffentlicht.

Sogar in Botaniker-Kreisen hielt die Dahlie also erst einmal einen Dornröschenschlaf. Das ist umso unverständlicher, weil Dahlien in Mittelamerika bereits vor dem Eintreffen von Columbus als Zierpflanze kultiviert wurden – die Knollen sind nicht essbar; die Blütenblätter sind lediglich eine Salatzugabe. Die einzelnen Arten brachten sogar vermutlich natürlich entstandene Hybriden hervor,

DIE DAHLIE

denn sonst ließe sich die Abbildung in den Werken von Hernandez von einer Dahlie mit halb gefülltem Blütenkorb nicht erklären.

Die Dahlie wurde nach dem schwedischen Botaniker Andreas Dahl (1751–1789) benannt und in die botanische Systematik eingegliedert. Zeitweise nahmen einige Wissenschaftler allerdings an, dass dieser Name bereits an eine andere Pflanzengattung vergeben war und tauften sie um in »Georgina« – das ehrte den deutschen Pflanzenkundler Johann Gottlieb Georgi (1729–1802). Allerdings klärte sich dieser Irrtum bald auf, und der alte Name war wieder gültig. Doch war der falsche Name in der Welt und deshalb werden diese unschlagbaren Garten- und Schnittblumen gelegentlich heute noch als Georgine bezeichnet.

Im 19. Jahrhundert jedenfalls wurde die Dahlie immer beliebter. Schon 1808 gelang dem Karlsruher Garteninspektor Andreas Johann Hartweg das Kunststück, eine voll gefüllte Dahlie zu züchten – wie passend, dass in diesem Jahr der Botanische Garten in der auch als Fächerstadt bekannten badischen Hauptstadt gegründet wurde. Das sorgte nicht nur im fernen Berlin für Aufsehen. Da sich die Dahlien- arten und -sorten sehr gut miteinander kreuzen lassen, war die sortenechte Vermehrung durch das Teilen von Knollen oder Nehmen von Stecklingen sowie die Schaffung neuer Typen durch Aussaat selbst für Laien kein Problem und auch in Gärten wenig begüterter Menschen möglich.

Wundert es daher, dass diese Pflanze so weit verbreitet ist? Und immer wieder überrascht die Dahlie durch neue Farbstellungen, Wuchs- und Blütenformen. Sie ist schon eine tolle Knolle! ❧

KURZES PFLANZENPORTRÄT:

- *nicht winterharte Knollenpflanze*
- *Ruhezeit (hierzulande) vom Frost bis zum Antreiben im Frühling*
- *je nach Art/Sorte zwischen 25 und über 200 Zentimeter*
- *pro Knolle mehrere Austriebe, buschige Pflanze mit Blüten über dem Laub, die nach dem Verblühen durch neue Blüten überwachsen werden*
- *typische Korbblütler mit der Basis aus fruchtbaren Röhrenblüten, die von einem Kranz Zungenblüten umgeben sind; enorme Vielfalt der Blütenblatt- und Blütenformen sowie Pflanzenhöhen; alle Farben außer Blau in nahezu allen Farbkombinationen*
- *Blütezeit von etwa Hochsommer bis zum Frost*

STANDORT:

- *vollsonnig*
- *Beete; kleinwüchsige Sorten in Gefäßen*
- *Boden/Substrat locker*

PFLEGEGRUNDSÄTZE:

- *Knollen im April oder Mai nach halbtägigem Wasserbad pflanzen*
- *Austriebe vor Schnecken schützen*
- *Pflanzen nicht austrocknen lassen*
- *im Sommer und Frühherbst düngen*
- *welke Blütenstände kontinuierlich ausschneiden*
- *Laub vom ersten Frost schwarz werden lassen, abschneiden, Knollen ausgraben, frostfrei, kühl und dunkel überwintern*
- *sortenechte Vermehrung durch Teilen der Knollen vor erneutem Auspflanzen*

VERWENDUNG:

- *in Beeten und teilweise Gefäßen*
- *als Schnittblume*

DIE
KAISERKRONE

*opulent, beständig und
unverwechselbar*

NAME:
Kaiserkrone

BOTANISCHER NAME:
Fritillaria imperialis

BOTANISCHE FAMILIE:
Liliengewächse (Liliaceae)

BEHEIMATET IN:
Türkei bis Pakistan

IN EUROPA EINGEFÜHRT:
etwa 1575

Es waren die diplomatischen Beziehungen des österreichischen Kaisers Maximilian II. zum osmanischen Hof – zur Zeit der Ankunft der ersten Kaiserkronen-Zwiebeln in Mitteleuropa regierte der Sultan Murad III. –, die dazu führten, dass diese Pflanze hierzulande bekannt wurde. Sie kam also nach einem ähnlichen Muster wie etwa Tulpen oder Hyazinthen in unsere Gärten. So war sie zunächst ein seltenes Luxusgut und Status-symbol der Fürsten und wohlhabendsten Kaufleute.

Fritillaria Imperialis   *Fritillaire Impériale*

Keine andere Pflanze symbolisiert durch ihre markante, prachtvolle, aber klar gegliederte Gestalt das Lebensgefühl des Barocks so wie sie – und in dieser Zeit, also etwa drei Menschengenerationen nach ihrer Einführung in Wien, hatte sich die Kaiserkrone in den Gärten und Parks reicher Menschen etabliert.

Sie war und ist eine Ausnahmeerscheinung in der Pflanzenwelt und fehlt auf kaum einem Gemälde, das die edelsten Blumen darstellt, und in keinem Folianten der aufkommenden Botanik-Wissenschaften. Bald wurde die Kaiserkrone mit christlichen Legenden belegt – etwa, dass sie im Garten Gethsemane zu stolz prunkte und nach einem Tadel Jesu, der seiner Tortur entgegensah, die Blüten hängen ließ. Die Nektartropfen, die an der Blütenbasis Bestäuber anlocken, wurden als Tränen der Scham interpretiert, die rote Blütenfarbe als Erröten ob der Ungeheuerlichkeit, sich angesichts der Tragik des Momentes nicht augenblicklich demütig zu verneigen. Die Kaiserkrone ist nicht die einzige Pflanze, die mit solchen frommen Andachtsgeschichten belegt wurde. Machen wir uns bei allem Kopfschütteln darüber klar, dass auch weit nach dem Zeitalter des Barocks Pflanzen oder Tiere als Symbolträger für Tugenden, Laster oder Prozesse herhielten und als Legende oder Fabel in Lehrstücken eine Funktion hatten. Die Faszination der wissenschaftlichen Erkenntnisse etwa bei den Zusammenhängen der Evolution und Ökologie, die uns so fesselt, konnte ja erst Jahrhunderte später wachsen.

Zurück zu den Barock-Gärten. Es war klar, dass die Gärtner versuchten, der Kaiserkrone »neue Formen« oder »neue Farben« zu entlocken. Doch der genetische Pool dieser Pflanzen gibt sehr viel weniger her als derjenige etwa der Tulpen oder Hyazinthen, die es bald nach ihrer Einführung in einer atemberaubenden Varianz gab. Auch lassen sich verschiedene Fritillaria-Arten schlecht miteinander kreuzen – was freilich bis zu Mendel und seinen Gesetzen und der daraus folgenden gezielten Kreuzung auch bei anderen Arten eher ein Zufall war, der zu Auslesen der Nachkommen einlud. Das Spektrum der Farben umfasst noch heute Orange, warmes Rot und Gelb; gefüllte Blüten gibt es nicht. Lediglich eine Auslese mit Namen 'Kroon op Kroon' – auch unter dem Namen 'Prolifera' bekannt – hat sozusagen einen doppelstöckigen Glockenstuhl. Weitere Selektionen haben weiß oder gelb panaschierte Blätter. Und bei der Sorte 'Inodora' fehlt der typische Raubtiergeruch der Zwiebel, der von instabilen Schwefelverbindungen herrührt. Was empfindlichen Nasen gefällt, sagt allerdings auch Wühlmäusen zu. Die typischen Kaiserkronen schrecken durch ihren Geruch diese Fressfeinde ab, die geruchlose Form wird genauso gerne von Nagern verspeist wie etwa Tulpenzwiebeln. So ist 'Inodora' eher etwas für die Kultur in Gefäßen als in Gartenbeeten. Und da wir gerade beim Thema sind: Die »fuchsbauduftenden« Kaiserkronen vertreiben keine Wühlmäuse und schützen auch nicht benachbarte Beetpflanzen. Sie werden lediglich nicht selbst gefressen.

Mit der Zeit bekam man heraus, dass Kaiserkronen nicht kompliziert in der Pflege sind – sie brauchen nur während ihrer Wachstumszeit reichlich Nährstoffe, einen sonnigen Platz und einen durchlässigen Boden. Werden sie gut versorgt und dürfen das Laub bis zum vollständigen Verdorren

behalten, wachsen aus wenigen Zwiebeln kraft-
volle Pulks heran. Diese Beständigkeit in Aussehen
und Wachstum ließ sie später – ähnlich wie Pfingst-
rosen – zu typischen Bauerngartenblumen werden.
Vielleicht ist es gerade ihre konstante Erscheinung,
die sie auch heute noch zu einer sehr beliebten
Gartenpflanze macht.

Ist es nicht interessant, wie eine höfische
Prachtblume volkstümlich wurde? ⟳

KURZES PFLANZENPORTRÄT:

- *winterharte, mehrjährige Zwiebelpflanze*
- *zwischen 60 und ca. 150 Zentimeter*
- *Zwiebeln haben einen auffallenden »Raubkatzenkäfiggeruch«*
- *pro Zwiebel ein gerader, beblätterter Stiel mit Blütenstand an der Spitze*
- *aus einem Blattschopf am Triebende hängende, glockenförmige Blüten; orange, gelb, rot; gelegentlich fein gestreift*
- *Blütezeit Erst- bis Vollfrühling*
- *Ruhezeit Hochsommer bis Vorfrühling*

STANDORT:

- *sonnig*
- *Gefäßkultur möglich*
- *Boden/Substrat locker, nährstoffreich*
- *windgeschützter Standort*

PFLEGEGRUNDSÄTZE:

- *Pflanzung ruhender Zwiebel im Voll- oder Spätherbst*
- *ab Austrieb nicht austrocknen lassen*
- *vom Austrieb bis zur Blütezeit gut düngen*
- *Lilienhähnchen (Käfer und Maden) bekämpfen*
- *Laub nach der Blüte erhalten und erst entfernen, wenn es komplett von selbst vertrocknet ist*

VERWENDUNG:

- *in Beeten und Gefäßen*
- *Schnittblume*

DIE PELARGONIE

DIE PELARGONIE

vielgestaltig, blattschön
und bezaubernd

NAME:
Pelargonie, Geranie

BOTANISCHER NAME:
Pelargonium, diverse Arten und Hybriden

BOTANISCHE FAMILIE:
Storchschnabelgewächse (Geraniaceae)

BEHEIMATET IN:
Südafrika, Namibia

IN EUROPA EINGEFÜHRT:
etwa ab 1600; 1789 als eigene Pflanzengattung beschrieben

Mit den Pelargonien sind wir bei einer Pflanzengattung angekommen, die ich selbst gerade völlig neu entdecke. Und wie so oft steht am Anfang eine Begriffsklärung: Pelargonien werden hierzulande landläufig als »Geranien« bezeichnet – und das ist missverständlich. Sortieren wir also mal drei botanische Namen für nahe verwandte Pflanzengattungen, die eine gewisse Verwirrung verursacht haben. Sie alle haben einen Bezug zu Stelzvögeln. Das ist darin begründet, dass die Samenstände spitz wie deren Schnäbel geformt sind: *Geranium* leitet sich vom griechischen »geranos«

für »Kranich« ab. Diese Gattung umfasst in erster Linie winterharte Stauden. Dann gibt es die Staudengattung *Erodium*, deren Name vom griechischen »erodios« für »Reiher« stammt. Die dritte im Bunde ist dann *Pelargonium*. Pflanzen dieser Gattung sind bei uns meist nicht winterhart, aber mehrjährig. Hier ist das griechische »pelargos« namensgebend, und das heißt »Storch«. Das Kuddelmuddel wird fröhlich fortgesetzt, weil Geranium-Arten deutsch »Storchenschnabel« genannt werden und nicht »Kranichschnabel«, wie es sich gehören würde. Lediglich *Erodium* ist mit »Reiherschnabel« nahe an der Wortbedeutung.

Nun, die üblichen »Geranien«, die eigentlich Pelargonien sind, gehören zu den beliebtesten Balkonblumen überhaupt. Sie haben von ihren Ahnen Sonnenhunger und eine gewisse Gelassenheit bei kurzen Trockenphasen vererbt bekommen. Allerdings sind ihre Blüten steril und daher für Bienen und Co. echte Nullnummern. Trotz ihrer berauschenden Farben habe ich Pelargonien deswegen seit vielen Jahren nicht mehr eingesetzt. Aber als ich bemerkte, dass bei Wildarten und deren Sorten, die nicht so eine komplexe Züchtungsgeschichte haben, hin und wieder Insektenbesuch stattfindet, wurde mir auch bewusst, wie schön – zuweilen ausgesprochen filigran – die Pflanzen blühen und wachsen. Das Laub verschiedener Arten duftet bei Berührung klar nach Rosen, Orangen, Minzen, Zitronen oder etwa Harzen oder es entfalten sich schwerer identifizierbare Aromen, die mit Cola, Weingummi oder Schokolade in Verbindung gebracht werden – was ich nicht in allen Fällen nachvollziehen kann. Noch immer weiß ich nicht, ob alle Pelargonien, die meist als Wild- oder Duftpelargonien angeboten werden, wirklich heimische Insekten ernähren; die wenig wählerischen Honigbienen oder Hummeln finde ich jedoch nicht selten an den Blüten.

Natürlich teilten Wissenschaftler weit vor meiner Zeit meine Faszination für diese sehr variantenreiche Pflanzengattung. Die allererste »nachgewiesene« Pelargonie auf unserem Kontinent war wohl *Pelargonium triste*, die den Engländer John Tradescant bereits 1632 erfreute. Sie hatte einen weiten Weg hinter sich, denn die meisten Pelargonien-Arten wachsen in der Kapflora, einer wahrlich einzigartigen Pflanzengesellschaft. Der deutschstämmige Mediziner und Pflanzenkundler Paul Hermann war 1672 ein junger Doktor im niederländischen Leiden, als er im Auftrag der Vereinigten Ostindischen Kompanie nach Sri Lanka, damals Ceylon, aufbrach, um als Arzt dort zu wirken. Bekanntlich wurde der Suez-Kanal erst 1869 eröffnet, und darum gabe es einen Zwischenstopp in Südafrika. Hermann war der erste europäische Botaniker seines Faches, der die faszinierende Flora um den Tafelberg systematisch erkundete und neben vielen anderen Arten auch Pelargonien-Wildarten fand. Glücklicherweise sind Pelargonien vergleichsweise robust und konnten leichter ins Abendland verschickt werden als so manche andere Pflanzenart.

Paul Hermann gab also die Initalzündung auch in Sachen Pelargonien-Kultivierung bei uns. Zunächst waren diese Pflanzen unverzichtbare Sammlungen in den Orangerien der Barockfürsten. Erst ab etwa Ende des 19. Jahrhunderts wurden die verbreiteten »Balkongeranien« aus den Arten *Pelargonium peltatum, Pelargonium zonale, Pelargonium inquinans* und *Pelargonium frutetorum* sowie später ein paar anderen entwickelt. Züchtungsziele waren robuste, reich und starkfarbig blühende Pflanzen. Blattduftende, feingliedrige Pelargonien waren weniger populär.

Doch das änderte sich – mittlerweile führt auch der unordentlichste Baumarkt »Duftpelargonien«. Freilich ist es besser, sich bei Interesse in spezialisierten Gärtnereien umzusehen. Aber Vorsicht! Es kann zu »Erweckungserlebnissen« kommen, denn die Vielfalt ist überwältigend.

Jeder Pelargonien-Jünger, der auf sich hält, versucht sich auch an *Pelargonium sidoides*, die mit ihren sehr kurzen Trieben und etwas weichem Laub nicht ganz so einfach vermehrbar ist wie andere, aber im Sommer wunderbar wächst und tiefdunkelrot oder pinkfarben blüht.

Das interessiert Sie nicht? Soso ... Aber wenn ich Ihnen verrate, dass das die allerorten beworbene »Umckaloabo-Pflanze« ist, werden Sie aufmerksam, nicht wahr? Doch ich muss Ihnen Wasser in die Träume von selbst gebrautem afrikanischem Hustensaft schütten: Die Wirkung dieser Pelargonie gegen Erkältungen ist strittig; auf jeden Fall ist sie der von Minze oder Salbei klar unterlegen.

Aber für mich ist *Pelargonium sidoides* die allerschönste der kleinen filigranen Pelargonien. ❧

KURZES PFLANZENPORTRÄT:

- *vieltriebige, nicht frostharte Staude oder Halbstrauch, einige Arten sukkulent*
- *je nach Art lagernd bis aufrecht*
- *in Gärten kultivierte Formen zwischen 20 bis 120 cm hohe/lange Triebe*
- *unterschiedlich gelapptes Laub; oft gezeichnet; viele Arten haben duftendes Laub*
- *Blütezeit ab Mai; Blüten werden in Schüben oder kontinuierlich hervorgebracht*
- *Blütenstiele setzen an den jüngsten Blattachseln an und stehen meist in Büscheln oder Dolden zusammen*
- *Blütenfarbe meist Rosa, Lila oder Rot; Zierformen mit stark erweiterter Farbpalette; wenige Wildformen blassgelb oder schwärzlich-purpurn*
- *neben den geläufigen »Balkon-Geranien« werden wildhaft anmutende Selektionen, meist mit duftenden Blättern, immer beliebter*

STANDORT:

- *sonnig, halbschattig möglich*
- *Boden/Substrat locker, fruchtbar*
- *lang hängend wachsende Sorten windgeschützt*

PFLEGEGRUNDSÄTZE:

- *nur nach draußen stellen, wenn es keinen Frost gibt*
- *überwinterte Pflanzen im Frühling zurückschneiden*
- *ausgewählte Art/Sorte kennen, um Platzbedarf abzuschätzen*
- *nicht zu nass halten; kurze Trockenphasen sind kein Problem*
- *im Sommer kontinuierlich düngen*
- *Verblühtes stets ausbrechen*
- *vor der Frostperiode Pflanzen im Haus kühl und hell überwintern*
- *Vermehrung durch Kopfstecklinge im Frühsommer ist sehr einfach*

VERWENDUNG:

- *ideal in Kübeln und Blumenkästen*
- *blattduftende Sorten liefern Material zum Aromatisieren*
- *Sammlungen verschiedener Wildarten haben ihren besonderen Reiz*

a. Clematis paſsionalis pentaphylla foliis angustioribus, Fleur de
la Paſsion, Paſsions-blum.
b. Clematis paſsionalis triphyllos flore ex luteo viridante.

DIE
PASSIONSBLUME

symbolhaft, tropisch und einzigartig

NAME:
Passionsblume

BOTANISCHER NAME:
Passiflora, diverse Arten und Sorten

BOTANISCHE FAMILIE:
Passionsblumengewächse (Passifloraceae)

BEHEIMATET IN:
*schwerpunktartig in Süd- und Mittelamerika, einige Arten
im tropischen und subtropischen Australien, Asien oder Afrika*

IN EUROPA EINGEFÜHRT:
*frühes 17. Jahrhundert in Spanien, europäische Gartenformen
wurden von England aus entwickelt*

E inige Pflanzen fallen augenblicklich mit all ihren
Eigenheiten und Einzelheiten auf, und zu denen
gehören gewiss die Passionsblumen mit ihren
gut 520 verschiedenen Arten. Sie alle kommen in
den tropischen und subtropischen Regionen Amerikas sowie Australiens und Ozeaniens als Wildarten
vor. Einige Arten waren etwa den heimischen Völ-
kern Südamerikas wohlbekannt und wurden von
ihnen als Heilpflanzen sehr geschätzt. Der spani-

sche Mediziner Nicolas Monardes (1508–1588) wurde 1569 als einer der ersten Europäer auf sie aufmerksam und beschrieb sie – nach ihm wurden übrigens die Indianernesseln, *Monarda*, botanisch benannt.

Einige Jahrzehnte später wuchsen und blühten die ersten Passionsblumen auch in Südeuropa. Auf ein Jahr genau lässt sich das leider nicht bestimmen, doch Anfang des 17. Jahrhunderts waren vermutlich *Passiflora incarnata* oder/und *Passiflora edulis* zumindest auf der Iberischen Halbinsel und in Italien bekannt. Viele Gelehrte waren damals tiefgläubig und gehörten dem Klerus an. So auch der italienische Jesuit Giovanni Battista Ferrari (ca. 1582–1655), der 1633 ein Werk namens »Flora seu de florem cultura« veröffentlichte, in dem er unter anderem Passionsblumen beschrieb – und das nachhaltig prägend! Er belegte die durchaus markanten Pflanzenteile mit Symbolen der Leidensgeschichte Jesu: In den drei Griffeln sah er die Kreuzigungsnägel, in den fünf Staubgefäßen die Wundmale und in dem Fadenkranz die Dornenkrone. Der gestielte Fruchtknoten veranschaulicht den Schandpfahl, an dem Jesus ausgepeitscht wurde, die dreilappigen Laubblätter stehen für Lanzen und die Ranken für Geißeln. Die komplette Symbolik der Passion Christi führte zu dem Namen Passionsblume – sowohl im Deutschen als auch im »Botanischen«.

Ich finde es, ehrlich gesagt, gruselig, eine so faszinierend detailreich aufgebaute Blüte und Pflanze mit derart entsetzlichen Folterwerkzeugen (und deren Folgen) zu belegen. Aber in dieser Zeit bezogen fromme Wissenschaftler so ziemlich alles auf die Heilsgeschichte oder biblische Legenden, und da diese Symbole allgemein geläufig waren, eigneten sie sich gut als Assoziationen und Erinnerungshilfen, die eine Identifizierung auch von Pflanzen erleichterten.

Etwas freundlicher wirkt da die Bezeichnung »Maracuja« für die Früchte – es handelt sich bei ihnen um sehr große, kernreiche Beeren. Maracuja lässt sich ungefähr mit »Speisegefäß« übersetzen. Das Wort ist von einer südamerikanischen Sprache ins Portugiesische eingeflossen und eignet sich ideal zur weltweiten Vermarktung etwa von Saft. Es ist kürzer und weckt die Assoziationen zu dem köstlichen Aroma weit besser als etwa »Passionsblumensaft« es vermöchte.

Der Maracuja-Saft stammt allerdings nicht von der sehr verbreiteten Blauen Passionsblume (*Passiflora caerulea*), die auch hierzulande in Weinbaugebieten dauerhaft im Freiland kultiviert werden kann – deren Früchte sind ungenießbar. Als Obstpflanze werden Arten wie *Passiflora edulis*, *Passiflora ligularis* oder *Passiflora quadrangularis* angebaut.

Laub und Stängel von *Passiflora incarnata* gelten als heilend oder lindernd bei zahlreichen Beschwerden. Aber bitte lassen Sie sich niemals dazu verführen, Pflanzenteile der »üblichen« Blauen Passionsblume – sie hat ihren Namen durch den blauen Strahlenkranz auf den milchweißen Blütenblättern erhalten – zu sich zu nehmen, auch wenn diese munter in Ihrem Garten wachsen sollte. Diese Art enthält Inhaltsstoffe, die sich zu Blausäure aufspalten können, und die ist bekanntermaßen toxisch.

Schon immer zogen Passionsblumen Menschen in ihren Bann; ihr Wuchs und vor allem ihre Blüten lassen auch verwöhnte Ästheten schwach werden. Edle Textilien oder Tapeten zeigen etwa Passionsblumenranken und -blüten meist in tropischen Szenarien und verfehlen nie ihre dekorative Wirkung. Aber auch die Zierpflanzenfans kommen nicht zu kurz, denn etliche Passionsblumen lassen sich recht leicht halten: Man braucht lediglich ein stabiles Gerüst und ausreichend geeigneten Platz für diese rasanten Kletterkünstler. In den letzten Jahrhunderten entstanden zahlreiche neue Selektionen und noch heute werden einst wenig beachtete Arten wiederentdeckt und ins Züchtungsgeschehen integriert. Da sich viele von ihnen untereinander gut kreuzen lassen, ist ein sehr reichhaltiges Sortiment entstanden, das vor allem in spezialisierten Gärtnereien erhältlich ist. Für den »Hausgebrauch« als Garten-, Kübel- oder Zimmerpflanze findet sich immer etwas Exquisites. Wer allerdings ein Gewächshaus besitzt, hat ungleich mehr Möglichkeiten, in die Passionsblumen-Welt einzutauchen und verfällt ihnen leicht als Sammler.

Sollte ich einmal unerwartet reich erben, stünde ein großes Gewächshaus in jedem Falle auf meiner Traum-Projekt-Liste. Ich versichere Ihnen, dass es dann kein Halten mehr für mich gäbe in Sachen Passionsblumen! ✑

KURZES PFLANZENPORTRÄT:

- *mehrjährige, krautige bis verholzende Kletterpflanze*
- *je nach Art bedingt oder nicht winterhart*
- *ohne Schnitt deutlich mehr als mannshoch*
- *gelapptes Laub; spiralige Ranken*
- *Blüten in den Blattachseln; meist flache, zehnteilige Blütenschale mit einem Kranz fadenförmiger steriler Staminoide, mittig fertile Staubblätter und Fruchtknoten*
- *Blütezeit ab Mai, Dauerblüher bis Frost*
- *einige Arten und Sorten bilden schmackhafte Früchte*

STANDORT:

- *sonnig bis halbschattig*
- *Boden/Substrat locker, fruchtbar*
- *für Freilandexemplare sehr geschützter Platz*

PFLEGEGRUNDSÄTZE:

- *im Frühling stark zurückschneiden*
- *überwinterte Pflanzen und tropische Arten erst ins Freie bringen, wenn Fröste vorbei sind*
- *angepasstes Klettergerüst bereitstellen*
- *Pflanzen nie austrocknen lassen, aber Vorsicht vor Vernässung*
- *während des ganzen Sommers gut mit Nährstoffen versorgen*
- *vor den ersten Frösten Pflanzen im Topf ins Winterquartier bringen*
- *im Garten ausgepflanzte Exemplare gut durch Vlies schützen*

VERWENDUNG:

- *Kübelpflanze*
- *genießbare Arten/Sorten als Obstlieferant*

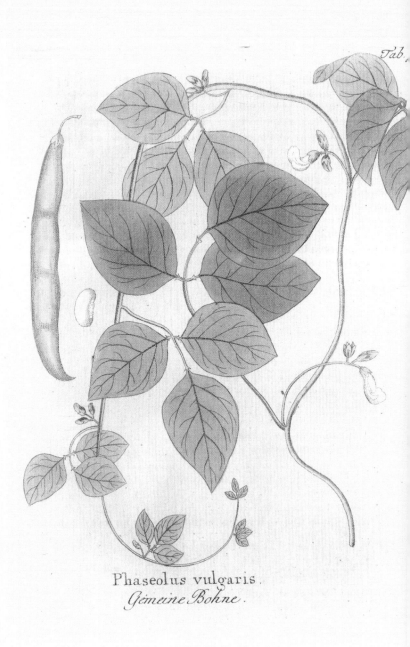

Phaseolus vulgaris.
Gemeine Bohne.

DIE GARTENBOHNE

DIE GARTENBOHNE

traditionell, gehaltvoll
und blütenschön

NAME:
Garten-Bohne, Feuer-Bohne

BOTANISCHER NAME:
Phaseolus vulgaris, Phaseolus coccineus

BOTANISCHE FAMILIE:
Hülsenfrüchtler (Fabaceae)

BEHEIMATET IN:
Mittel- und Südamerika

IN EUROPA EINGEFÜHRT:
16. Jahrhundert (Garten-Bohne),
17. Jahrhundert (Feuer-Bohne)

Uns kommt es so vor, als wären Gartenbohnen immer schon in unseren Gärten gewachsen. Sie gehören schließlich zum festen Inventar unserer Gemüsebeete und sind aus traditionellen Rezepten der herzhaften Hausmannskost nicht wegzudenken. Doch das ist ein Irrtum! Wirklich heimisch sind in Europa die Dicke Bohne (*Vicia faba*) und die Schwarzaugen-Bohne (*Vigna unguiculata*), die bis zur Einführung der Garten- und Feuer-Bohne als

»Bohnen« und wertvolle Eiwcißlieferanten angebaut wurden. Die beiden angestammten Bohnen-
arten sind zwar noch heute gängige Gemüsepflanzen,
doch die »neuen Bohnen« haben sie längst in ihrer
Popularität überflügelt.

Moment ... habe ich etwa »neue Bohnen«
geschrieben? Da bin ich in eine typische Europäer-
Scheuklappen-Falle getappt!

Freilich ist es eine Tatsache, dass *Phaseolus
vulgaris* und *Phaseolus coccineus* erst nach der Entdeckung und Besetzung Südamerikas durch die europäischen Seefahrer-Völker auf unserem Kontinent
bekannt wurden. Leonhart Fuchs erwähnte als einer
der Ersten hierzulande im Jahre 1543 die Garten-
Bohne in seinem Kräuterbuch. Die Pflanze war aber
keineswegs nur ein Studienobjekt ambitionierter
Botaniker, sondern verbreitete sich rasch als ertrag-
reiche Nutzpflanze – und das war sicher keine Mode-
erscheinung. Im Gegenteil!

Garten-Bohnen zählen zu den ältesten Nähr-
pflanzen, die Menschen angebaut haben. Sie wurden
bereits vor 7000 Jahren im mexikanischen Hoch-
land kultiviert. Die Menschheit stand damals am
Anfang der Entwicklung ihrer sesshaften Kulturen –
die Jungsteinzeit ging zu Ende. In Europa erfand
man das Rad, im Vorderen Orient den Webstuhl,
Rinder und Pferde wurden in Eurasien domestiziert,
die Metallverarbeitung nahm ihren Anfang; E-Mails
wurden damals noch in Tontafeln geritzt und man
nutzte den Wind mit Segeln. Weltweit bildeten sich
lokale Gemeinschaften und Identitäten aus, die
deutlich über eine Sippe oder Horde hinausgingen.
Dominierende Hochkulturen waren aber noch nicht
in Sicht – die ägyptischen Pyramiden oder das

britische Stonehenge wurden vor etwa 5000 Jahren errichtet. Die Garten-Bohnen wuchsen zu diesem Zeitpunkt also schon 2000 Jahre eher fröhlich vor sich hin und machten die Menschen in Südamerika satt – und das zuverlässig, denn die eiweißreichen Kerne lassen sich bestens trocknen und lagern.

Phaseolus vulgaris ist der botanische Name für eine uralte Kulturform der Bohne; eine Wildart ist angesichts der langen Selektionshistorie kaum zu identifizieren. Vermutlich sind weitere südamerikanische Phaseolus-Arten eingekreuzt worden, was zu einer enormen Variabilität im Aussehen führte. Grob gesagt lassen sich Garten-Bohnen in buschförmig und rankend wachsende Sorten einteilen. Es gibt sowohl Sorten, deren Kerne klein bleiben und die komplett mit den gegarten Hülsen gegessen werden, als auch solche mit ziemlich dicken Samen, die etwa als »Weiße Bohnen« unverzichtbar sind. Auch die beliebten Kidney-Bohnen sind Sorten von *Phaseolus vulgaris* – sie haben lediglich sehr große, dunkelrote Kerne. Alle kultivierten Bohnen, die einst aus Südamerika zu uns kamen, blühen entweder sehr lange oder wiederholt und liefern somit reiche Erträge. Lediglich ihr Bedürfnis nach Wärme und Sonne führt dazu, dass Garten-Bohnen in Gegenden mit rauem Klima erst spät ausgesät werden können und Dauerregen gar nicht schätzen.

Hier und jetzt bringe ich einen echten Garten-Star ins Spiel: die Feuer-Bohne (*Phaseolus coccineus*). Auch sie wurde aus Südamerika nach Europa gebracht, wenn auch etwa 100 Jahre später als die Garten-Bohne. Feuer-Bohnen sind zwar ebenfalls nicht frostfest, nehmen aber kühle, nasse Witterung recht gelassen hin. Ihren Namen haben sie nicht davon, dass sie scharf schmecken; nein, er rührt von den stoppschildroten Blüten, die es hinsichtlich ihrer Schönheit und ihrer Strahlkraft mit ausnahmslos jeder Zierpflanze aufnehmen können. Ihre im Spätsommer und Herbst erscheinenden Hülsen sind etwas rau – wer sie als Ganzes verwenden möchte, erntet sie jung und schnippelt sie als Erstes mit Suppengrün in einen deftigen Eintopf, damit sie gut garen können. Lässt man die Früchte ausreifen, kann man die recht großen Bohnenkerne herauspalen, die in vielen Rezepten Eingang finden. Feuer-Bohnen sind allesamt Himmelsstürmer und brauchen unbedingt einen hohen, soliden Aufbau. Gerade im Spätsommer und Herbst sind diese bewachsenen Skulpturen äußerst stimmungsvoll – gemeinsam vielleicht mit Astern, Dahlien, reifenden Quitten oder Rotkohl-Reihen, die ebenfalls zum Jahres-Finale ansetzen. ❧

KURZES PFLANZENPORTRÄT:

- *einjährig*
- *buschiger oder kletternder Wuchs*
- *großes, meist dreifiedrig geteiltes Laub*
- *kletternde Arten und Sorten haben linkswindende Triebe*
- *Schmetterlingsblüten in den Blattachseln; zu mehreren in Trauben stehend, Blütenfarben sind Weiß, Purpurlila, Flammrot*
- *Blütezeit Hochsommer*
- *längliche bis lange Hülsenfrüchte, welche die Samen in einer Reihe beinhalten*

STANDORT:

- *sonnig*
- *Boden locker, fruchtbar*
- *Standort jährlich wechseln; frühestens nach vier Jahren wieder das gleiche Beet für Bohnen nutzen*

PFLEGEGRUNDSÄTZE:

- *Aussäen, wenn der Boden sich im Mai erwärmt hat und keine Kälte oder gar Fröste mehr zu erwarten sind*
- *Boden feucht halten*
- *Keimlinge und Jungpflanzen vor Schneckenfraß schützen*
- *bei kletternden Sorten angepasstes, solides Klettergerüst installieren*
- *Pflanzen nie austrocknen lassen, am besten mulchen*
- *gut mit Nährstoffen versorgen*
- *dauertragende Arten/Sorten laufend beernten*
- *nach der Ernte abgeschnittenes Laub auf dem Boden liegen lassen, zerkleinern und einarbeiten*

VERWENDUNG:

- *Gemüsepflanze*
- *Sorten mit auffälligen Blüten oder Früchten sind auch als Zierpflanzen sehr attraktiv*

N.378.

a. Chrysanthemum tana -
ceti minoris foliis.
b. Chrysanthemū matricariæ
folio flore albo simplici.

c. Chrysanthemū matricaria
folio flore albo pleno.
d. Chrysanthemum hortense
flavum flore pleno.

H.

DIE
CHRYSANTHEME
tröstend, strahlend und kultiviert

NAME:
Chrysantheme, »Winteraster«

BOTANISCHER NAME:
Chrysanthemum × grandiflorum; Chrysanthemum × indicum

BOTANISCHE FAMILIE:
Korbblütler (Asteraceae)

BEHEIMATET IN:
Asien – von Indien bis Japan

IN EUROPA EINGEFÜHRT:
*um 1676 nach England; europäische Gartenformen
wurden erst ab dem 19. Jahrhundert entwickelt*

Wenn es eine Blume gibt, die für ostasiatische Gartenkultur steht, ist es die Chrysantheme. Belegbar ist, dass sie in China bereits seit gut 1600 Jahren als Zierpflanze gepflegt wurde. Etwa in dieser Zeit, als in Europa das Römische Reich ins Schlingern kam, ging auch in Ostasien Wichtiges vor sich: Die Japaner übernahmen von den Chinesen Kulturelemente sowie deren Schrift und entwickelten damit ihre eigene Hochkultur. Beide Gesellschaften hatten schon früh die Chrysanthemen als

Sonnensymbol mit herausragender Wertschätzung belegt, und diese Pflanzen wurden in gärtnerischer Obhut weiter verfeinert. In Japan stieg diese Pflanze auf zur Nationalblume; sie heißt dort »Kiku«. Zwölf-strahlig wurde die Chrysanthemenblüte zum Emblem des Kaisers. So schließt sich ein Sagenkreis, denn dieser Fürst, der Tenno, sah sich als Nachfahre der Sonnengöttin Amaterasu. Außerdem bildet die herbstblühende Chrysantheme im Jahreskreislauf den ästhetischen Gegenpol zur Kirschblüte im Frühling.

Als Europäer etwa ab dem 17. Jahrhundert Ostasien erforschten, wurden sie restriktiv behandelt und durften bis auf wenige Ausnahmen das Land nicht bereisen. Lediglich ein paar Küstenstützpunkte waren für den Handel zugelassen. Dennoch mussten Händler Chrysanthemen als Gartenblume kennengelernt haben; tatsächlich wurden erste Pflanzen dieser Blumenart schon 1676 durch einen Niederländer namens Reed nach England gebracht, allerdings kaum beachtet. Auch als über 100 Jahre später, 1789, Pierre Blanchard Chrysanthemen nach Marseille brachte, waren sie offenbar immer noch nicht interessant genug. Allerdings war Frankreich damals in Aufruhr, denn die berühmte Revolution begann in diesem Jahr – da hat man wohl kaum an exotische Blumen gedacht.

Tatsächlich war eine dritte Einfuhr erforderlich, damit Chrysanthemen in Europa populär wurden. Kein Geringerer als der schottische Forschungsreisende Robert Fortune (1812–1880) schickte sie – neben vielen anderen Pflanzen – von seinen vier Reisen nach Ostasien Mitte des 19. Jahrhunderts nach England. Bald waren ausreichend

Pflanzen in Europa eingetroffen oder vermehrt worden und man begann auch hier, mit den Chrysanthemen zu züchten. Es entstanden Sorten, die nicht winterhart waren, aber im Gewächshaus zur blütenarmen Spätherbst- und Wintersaison ungewohnt prächtige Blüten entwickelten. Winterharte Garten-Chrysanthemen fanden Beachtung, weil sich die besten von ihnen als unkompliziert und leicht vermehrbar erwiesen.

Wenige Generationen lang waren Chrysanthemen auch in Europa (fast) das, was sie in ihren Ursprungsländern waren: Kostbarkeiten. Dann fand man heraus, warum die typische Chrysantheme erst im Herbst blühte: Um Blütenknospen überhaupt anzulegen, darf das tägliche Licht die Pflanzen nicht länger als etwa 13 bis 14 Stunden pro Tag bescheinen. Im natürlichen Jahreslauf wäre das bei uns etwa die erste Augustwoche – mit Spielraum bei den einzelnen Sorten. Bis eine angelegte Chrysanthemenknospe voll erblüht, vergehen dann noch – ebenfalls sortenabhängig – weitere sieben bis zehn Wochen. Profi-Gärtner erkannten dieses System und lernten, die einzelnen Sorten durch Verdunkelung mit blickdichten Folien über Gestellen in den Gewächshäusern so zu manipulieren, dass sie zu jedem gewünschten Zeitpunkt blühten. Immer leistungsfähigere Sorten wurden für den Schnittblumen- und den Topfpflanzenanbau gezüchtet und für Letzteren verwendete man noch Phytohormone als Stauchemittel, damit die Pflanzen »pummelig« bleiben, obwohl ihre Genetik sie mindestens tischhoch wachsen lassen würde.

Chrysanthemen wurden zu Massenware. Es gibt sie jahraus, jahrein als einblumig kultivierte,

dicht gefüllte Prachterscheinung, als margeriten-
ähnliche straußartige »Mumis« für allerlei floristi-
sche Zwecke, als »Spinnen« mit nadeldünn zusam-
mengerollten Zungenblüten, als »Blumenstrauß mit
Wurzeln« im zehn Zentimeter messenden Standard-
kulturtopf – und das prinzipiell in allen Farben
außer Kornblumenblau und Mohnrot. Geradezu
abscheulich entstellt sind sie durch Neonfarben
gefärbt oder gar mit Glimmer »weihnachtlich«
bekrustet gelegentlich zu finden. Von der majestäti-
schen Strahlkraft der Kaiser-Blume hat die weltweit
agierende Blumenindustrie wenig übrig gelassen –
zu einfach war es, aus der Chrysantheme eine aus-
tauschbare Ramschware zu machen.

Doch ich liebe Chrysanthemen innig. Nicht
die das ganze Jahr über angebotenen Margeriten-
Surrogate oder die Füllblumen in Blütenexplosio-
nen auf Trauerkranzringen. »Meine« Chrysanthemen stammen aus Staudengärtnereien, und meist
handelt es sich um mehr als 50 Jahre alte winterharte Gartensorten. Sie gedeihen selbst in ausreichend großen Kübeln gut. Und mit ihren brokaten
wirkenden Messingtönen – strahlendem Gelb,
silbrigem Rosa oder mysteriösem Weinrot – beglei-
ten sie mich im Herbst bis zum Advent. Es gibt
keine Blume, die das besser kann. Sie tröstet und
wärmt, wenn das unausweichliche Ende des Jahres
anbricht – und dient als schönste Blumenmetapher,
wenn ein anderes Ende anstehen sollte. ꝏ

DIE CHRYSANTHEME

KURZES PFLANZENPORTRÄT:

- *winterharte, vieltriebige Staude*
- *je nach Sorte 30 bis 140 cm hoch*
- *einteiliges, stark gebuchtetes Laub*
- *an Triebspitzen Büschel aus Blütenkörben*
- *lang haltbare, margeritenartige Blüten; weiß, rosa, purpurn, warme Orange- und Kastanien-Nuancen, alle Gelbtöne; Zungenblütenformen schmal bis breit, Blütenkörbe einfach bis stark gefüllt*
- *Blütezeit ab Hochsommer, Schwerpunkt Voll- und Spätherbst*

STANDORT:

- *sonnig bis halbschattig*
- *Boden/Substrat locker, fruchtbar*
- *möglichst windgeschützt*

PFLEGEGRUNDSÄTZE:

- *im Frühling alte Triebe zurückschneiden; eventuelle Austriebe an der Basis stehen lassen*
- *vergreisende Pflanzen im Frühling teilen und neu aufpflanzen*
- *Pflanzen nie ganz austrocknen lassen*
- *von Frühsommer bis Herbst düngen*
- *hohe Sorten rechtzeitig stützen*
- *spät blühende Sorten bei Nachtfrost mit Vlies abdecken*
- *Vermehrung durch Stecklinge im Frühsommer oder Teilung der Pflanzen im Frühling*

VERWENDUNG:

- *Beetstaude*
- *Kübelpflanze*
- *Schnittblume*

Tab. 26.

Ananaserdbeer

DIE ERDBEERE
sinnlich, duftend und überraschend

NAME:
Erdbeere, Garten-Erdbeere

BOTANISCHER NAME:
Fragaria × ananassa

BOTANISCHE FAMILIE:
Rosengewächse (Rosaceae)

BEHEIMATET IN:
Arten für diese Gattungskreuzung in Nord- und Südamerika

IN EUROPA EINGEFÜHRT:
*spätestens 1632 (Fragaria virginiana) vermutlich in Frankreich,
1714 (Fragaria chiloensis) sicher in Frankreich*

Dass Erdbeeren seit jeher in unserem Kulturkreis eine Rolle spielen, ist wohlbekannt. Berühmt sind etwa mittelalterliche Gemälde, welche die Madonna mit dem Kinde in einem abgeschlossenen Garten zeigen – fast immer zählen zu den dargestellten Pflanzen auch Erdbeeren, die ihr zugesprochen wurden. Der Grund: Religiöse Ikonographen sehen in den Blättern einen Hinweis auf die Heilige Dreifaltigkeit, weiße Blüten stehen für Reinheit, rote Früchte für die Passion – zumal diese sich nach unten neigen und damit als die Tugend, das Schicksal demütig anzunehmen, gedeutet werden.

Warum hat eine so traditionelle Frucht nun einen Platz in diesem Buch?

Ganz einfach: Die Erdbeeren, die wir heute im Allgemeinen in unseren Gartenbeeten kultivieren, auf Feldern selbst pflücken oder im Lebensmittelhandel kaufen, sind nicht die gleichen wie die auf den mittelalterlichen Gemälden. Heimisch ist bei uns die Wald-Erdbeere, *Fragaria vesca,* und die wurde bis ins 17. Jahrhundert sogar nicht nur gesammelt, sondern auch gezielt kultiviert. Wald-Erdbeeren gerieten im Anbau aber in den Hintergrund, als die ersten Erdbeeren aus der »Neuen Welt« auftauchten.

Kanadische und nordamerikanische Siedler aus Frankreich fanden Gefallen an der dort wachsenden Scharlach-Erdbeere, *Fragaria virginiana*, und schickten sie in ihre alte Heimat. Diese Erdbeer-Art fruchtet etwas früher im Jahr als die bis dahin bekannte und hat größere Früchte mit einem köstlichen Aroma. Frühe europäische Gartenverzeichnisse beschreiben sie ab dem Jahr 1623. Knapp 100 Jahre später, 1714, brachte der Franzose Amédée-François Frézier (1682–1773), der ein Unterhändler der Krone Frankreichs war, die Chile-Erdbeere, *Fragaria chiloensis*, mit nach Hause. Er fand sie in der Gegend um die chilenische Stadt Concepción, wo er umfangreiche Karten und Berichte anfertigte, die er dem alternden Sonnenkönig Ludwig XIV. inklusive der neuen Erdbeerpflanzen für den Park von Versailles übergab. Deren Früchte schmeckten ebenfalls königswürdig köstlich und waren zudem besonders groß und fest, genau wie die ganze Pflanze deutlich opulenter wuchs.

Doch die barocken Pracht-Pflanzen fruchteten nicht besonders reich, und das lag nicht an den Parkgärtnern. Die Chile-Erdbeere ist nämlich zweihäusig. Das bedeutet, dass eine Pflanze entweder nur männliche oder nur weibliche Blüten tragen kann. Da nur weibliche Pflanzen Früchte hervorbringen, bedeutet das, mehr Pflanzen anbauen zu müssen als beerntet werden können.

Glücklicherweise sind Gärtner exzellente Beobachter und probieren viel aus. Sie fanden heraus, dass die Scharlach-Erdbeere ein ausgezeichneter Pollenlieferant für die Chile-Erdbeere ist und pflanzten beide Arten in abwechselnden Reihen. Und irgendwann kam es, wie es in solchen Fällen kommen musste: Die Liaison der beiden Erdbeer-Arten aus Amerika brachte fruchtbaren Nachwuchs hervor. 1750 fand sich in Amsterdam die erste Kreuzung aus *Fragaria virginiana* und *Fragaria chiloensis*. Man einigte sich auf die Bezeichnung *Fragaria × ananassa* dafür. Das Kreuz zwischen den Namensteilen ist die nomenklatorische Konvention dafür, dass es sich um eine Arthybride handelt, und der Name danach stellt klar, dass die neue Erdbeere nicht nur nach Erdbeeren duftet, sondern auch nach den damals unerhört luxuriösen und raren Ananas.

Nun war die erfolgversprechende Züchtungslinie abgesteckt und es gab kein Halten mehr – alle Welt verlangte nach den neuen großen Erdbeeren. Tausende Sorten wurden entwickelt – von durchaus unterschiedlicher Qualität. Versuche, auch die europäische Wald-Erdbeere mit ihrem anerkannt sehr besonderen Aroma einzukreuzen, mussten fehlschlagen, denn der Chromosomensatz von

Fragaria vesca ist nicht kompatibel mit dem der amerikanischen Arten. Dennoch gelang es 1925 dem Pillnitzer Professor Otto Schindler, eine Sorte der *Fragaria × ananassa* zu züchten, die ein (Wald-)Erdbeeren-Aroma hatte, das alles bisher Dagewesene übertraf. Sie bekam den Spitznamen seiner geliebten Frau und jeder Gourmet schwärmt seit den ausgehenden 20er-Jahren für 'Mieze Schindler'. Noch heute ist diese Sorte der nicht erreichte Maßstab für höchsten Erdbeer-Genuss.

Doch 'Mieze Schindler', also die Erdbeere – über die Professorengattin kann ich nichts sagen –, ist eine Garten-Diva. Die Früchte sind klein, die Pflanzen brauchen eine Bestäubersorte und sind etwas anfälliger für Kulturfehler und Krankheiten. Immerhin bringt sie sehr viele Ausläufer hervor. Das größte Problem für die Vermarktung ist, dass reife Früchte mit dem Maximal-Aroma sehr rasch faulen. Morgens auf dem Feld gepflückt, sind sie abends oft schon matschig. Bei einer Ernte aus dem eigenen Garten kann man sich darauf einstellen. Groß-vermarkter, die einen Anteil an den Jahr für Jahr etwa neun Millionen Tonnen weltweit gehandelter Erdbeerfrüchte haben, können mit der Mieze nichts anfangen.

Gefragt sind bei ihnen vor allem haltbare Früchte, die auch nach einem Transport appetitlich aussehen, um einen Kaufimpuls im Selbstbedie-nungssupermarkt auszulösen. Die Quittung haben wir unserem Kaufverhalten zuzuschreiben: Diese Früchte schmecken eher nach schnittfestem Wasser als nach der »Königin der Beeren« (die genau genommen eine Sammelnussfrucht ist). Je billiger die Erdbeeren sind und je weiter sie zu uns transportiert werden, desto öder werden sie. Sie haben dann lediglich einen Dekowert am Tellerrand.

Wenn Sie wirklich Erdbeeraroma schmecken möchten, das seinen Namen verdient, schauen sie sich lokal nach Anbauern um und kosten sie sich durch das Sortiment. Es muss ja nicht die legendäre Mieze sein, auch viele neue Züchtungen von *Fragaria* × *ananassa* sind absolut schlagsahne- oder marmeladetauglich. Merken Sie sich den Sortennamen, und wenn sie einen Garten oder Pflanzgefäße bestücken können, besorgen Sie sich entweder die entsprechenden Ausläufer im Sommer zur Vermehrung oder direkt fertige Pflanzen.

Bei allem: Die leckersten Erdbeeren halten nicht lange. Ob sie uns daran erinnern sollen, dass man etwas voll und ganz genießen soll, wenn genau die Zeit dafür ist? ◀

KURZES PFLANZENPORTRÄT:

- *krautige Staude*
- *buschiger, horstiger Wuchs*
- *je nach Art und Sorte 20 bis 40 Zentimeter*
- *an der Basis entspringendes, gestieltes, dreilappiges Laub*
- *Blütenstände stehen kurz über dem Laub*
- *die etwa drei bis zwölf Blüten pro Stiel sind meist weiß, fünfzählig und im Aufbau gleich wie Blüten nahe verwandter Gehölze, etwa Kirschen oder Äpfel; es gibt Garten-Erdbeeren, die rot oder rosa blühen*
- *Blütezeit ab etwa Mai, je nach Sorte über sechs bis sechzehn Wochen*
- *Fruchtreife etwa vier Wochen nach Bestäubung; es handelt sich um Sammelnussfrüchte*
- *Pflanzen bilden moderat unterirdisch wandernde Rhizome und reichlich oberirdische Ausläufer, an denen sich junge Pflanzen bilden, die sich bei Erdkontakt durch Einwurzeln als eigene Pflanze etablieren*

STANDORT:

- *vollsonnig*
- *Boden eher locker, nährstoffreich und gut Feuchte haltend*
- *Kultur in Gefäßen möglich*

PFLEGEGRUNDSÄTZE:

- *Beet gut vorbereiten und mit Kompost anreichern*
- *Frühlingspflanzung am besten durch Pflanzen aus der Gärtnerei*
- *Pflanzung im Hochsommer ausgezeichnet möglich durch nicht zu kleine Pflanzen an den Ausläufern, die noch bewurzeln müssen*
- *Vlies oder Stroh zwischen die Pflanzen ausbringen, damit reifende Früchte bei nassem Wetter nicht faulen*
- *Pflanzen und besonders Früchte vor Schneckenbefall schützen*
- *auf ausreichende Bewässerung bei trockenem Wetter achten*
- *stets gut mit Dünger versorgen*
- *die meisten Sorten tragen von ihrem zweiten bis vierten Standjahr optimal, daher rechtzeitig durch Vermehrung per Ableger neue Beete bestücken – auf den neuen Pflanzplätzen dürfen vorher keine Erdbeeren gewachsen sein. Falls doch, muss die Erde ausgetauscht werden.*

VERWENDUNG:

- *beetweise gepflanzt als Obstlieferant*
- *in Pflanzgefäßen als »Naschobst«*
- *vor allem hängend wachsende Sorten sind gleichzeitig als Zier- und Nutzpflanzen attraktiv – rot oder rosa blühende Sorten sind eher Zierpflanzen, doch neueste Sorten bringen auch nennenswerte Mengen tatsächlich schmackhafter Früchte hervor*

DER HOHE PHLOX

farbrauschend, prunkvoll und duftend

NAME:
Hoher Phlox, Flammenblume

BOTANISCHER NAME:
Phlox paniculata

BOTANISCHE FAMILIE:
Sperrkrautgewächse (Polemoniaceae)

BEHEIMATET IN:
Osten der USA

IN EUROPA EINGEFÜHRT:
um 1730 beschrieben; in Deutschland sicher ab 1765

Ob und wann genau eine Wildpflanze als Gartenpflanze entdeckt wird, kann von zufälligen Begegnungen und Verbindungen abhängen. Im Falle unseres Hohen Phloxes tauschten sich der Amerikaner John Bartram (1699–1777) und der Brite Peter Collinson (1694–1768) Anfang des 18. Jahrhunderts aus. Bartram war angetan von der Pflanzenwelt Nordamerikas und erlangte durch seine umfangreichen Sammlungen und gewissenhaften Beschreibungen damals noch unbekannter Pflanzen einen guten Ruf. Er kannte Benjamin Franklin und wurde sogar von König

DER HOHE PHLOX

George III. offiziell zum Königlichen Botaniker ernannt
– zu der Zeit waren die Staaten, in die Bartram reiste,
noch britische Kolonien. Sozusagen der Brückenkopf
in »merry old England« war Peter Collinson, ein Händler, der sich sehr für Pflanzen aus den Kolonien begeisterte und europaweit Kontakte zu Botanikern – auch
zu Carl von Linné – pflegte. Bartram und Collinson
entstammten beide Quäkerfamilien; so wurden sie
miteinander bekannt. Collinson unterstützte seinen
amerikanischen Freund ideell und finanziell, sodass
er auch Expeditionen unternehmen konnte, und
Bartram schickte dafür Pakete mit Samen von Fund-
pflanzen nach England. Dort zog Collinson daraus
Pflanzen und verteilte sie und wohl auch Saatgut an
befreundete europäische Botaniker. Viele nordamerikanische Pflanzen landeten auf diese Weise in entsprechend kundigen Gärtnerhänden – so auch der
Hohe Phlox. Ein weiterer Zeitgenosse von Mr. Bartram
und Mr. Collinson war der deutsche Mediziner und
Botaniker Johann Jacob Dillenius (1684–1747), der auch
in London wirkte. In seinem Werk *Hortus elthamensis*,
erschienen 1732, wurde der Hohe Phlox beschrieben.

Bis aus dem netten Fund eine so prachtvolle
Gartenpflanze wurde, dauerte es allerdings noch
knapp 150 Jahre. Im 19. Jahrhundert nahmen sich
Züchter des Phloxes an und verwandelten ihn durch
die Selektion größerer Blüten, leuchtender Farben,
besserer Gesundheit und Statik, ausgedehnterer Blütezeit sowie herrlich süßen Blütendufts in eine Gartenpflanze, die den Namen Flammenblume würdig
trägt – vermutlich weniger, weil sie gelbe und orange
Feuerfarben leuchten lässt, denn gelbe Phloxe gibt es
nicht. Eher wohl, weil sie ein Feuer der Gartenleiden-
schaft entfachen konnte. Der Funke der Begeisterung

sprang über etwa auf den Schwaben Wilhelm Pfitzer (1821–1905). Er erkanntc das Potcnzial dieser Pflanzenart und machte sich ans Werk. Schaffe, schaffe … kann man da nur sagen, denn ab den späten 1860er-Jahren brachte Herr Pfizer pro Jahr im Schnitt zwanzig neue Sorten in den Handel, von denen einige Klassiker geworden sind. Das Ländle scheint klimatisch günstig für die Phloxzüchtung zu sein, denn einige weitere badische und schwäbische Züchter schufen ebenfalls Sorten, die sich noch heute sehen lassen können und zum eisernen Bestand guter Staudengärtner zählen.

Eine Abhandlung über Hohen Phlox wäre nicht denkbar ohne Karl Foerster, einen bedeutenden Großmeister der Staudenzüchtung, wenigstens zu erwähnen. Er lebte von 1874 bis 1970 (!) bei Berlin und schuf in Bornim sein Staudenreich, in dem neben zahlreichen Pflanzenschätzen auch literarische Abhandlungen über sein Leben und Wirken als Gärtner sowie seine Lieblingspflanzen entstanden. Phlox hatte er besonders ins Herz geschlossen und beeindruckende Sorten stammen von ihm. Er prägte den Satz »Ein Garten ohne Phlox ist ein Irrtum!«.

Dieser Appell, Hohen Phlox als verlässlichen Farbträger in Prachtstaudenbeete einzusetzen, hat sich leider etwas überlebt. Und das ist der Wermutstropfen in dieser Geschichte. *Phlox paniculata* ist nämlich zwingend angewiesen auf eine kontinuierliche Feuchte. Sowie das Wachstum im Frühling einsetzt, darf es ihm weder an ausreichend Wasser noch an Nährstoffen fehlen. Seit sich die menschengemachten Klimaveränderungen auch bei uns unübersehbar durch anhaltende Trockenphasen im Frühling, Sommer und Herbst bemerkbar machen, haben es die Hohen Phloxe genauso schwer wie die Rittersporne, mit denen sie gerne kombiniert werden. Phloxe waren nie Selbstläufer im Garten, doch mittlerweile sind diese »Klimawandelverlierer« Pflanzen, die besonders aufmerksame gärtnerische Zuwendung benötigen.

Die wird, das versichere ich Ihnen, aber sehr reich belohnt! Wer einmal Phlox in Bestform erlebt hat, versteht die amerikanischen, britischen, schwäbischen und preußischen Botanik-Granden und alle, die hier nicht erwähnt werden können, aber von ihrem Garten-Phlox nie lassen werden. ✌

KURZES PFLANZENPORTRÄT:

- *winterharte, vieltriebige Staude*
- *je nach Sorte 60 bis 120 cm hoch*
- *einteiliges, glattrandiges Laub*
- *an Triebspitzen kugelartige Blütenbüschel*
- *Einzelblüten mit kurzer Röhre, breitem, flachem, geschlossenem Rand aus fünf Blütenblättern; Weiß, Rosa, Rot, Korallenrot oder warmes Rot, Violett; zuweilen geäugt, gerandet oder gesternt; viele Sorten duften süß*
- *Blütezeit sortenabhängig von etwa Mitte Juni bis Mitte September; kann remontieren*

STANDORT:

- *sonnig*
- *Boden/Substrat locker, fruchtbar, humos, nie völlig trocken*

PFLEGEGRUNDSÄTZE:

- *im Frühling alte Triebe zurückschneiden*
- *vergreisende Pflanzen im Frühling teilen und in neues Terrain setzen*
- *Pflanzen keinesfalls austrocknen lassen (mulchen)*
- *von Frühsommer bis zur Blütezeit düngen*
- *hohe Sorten stützen*
- *bei eingewachsenen Pflanzen ein Drittel der Triebe vor Knospenansatz im Frühsommer kappen (»Chelsea-Chop«); das verlängert die Blütezeit*
- *Vermehrung durch Stecklinge im Frühsommer oder Teilung im Herbst oder Frühling*

VERWENDUNG:

- *Beetstaude*
- *Kübelpflanze*
- *Schnittblume*

DIE KAMELIE

DIE KAMELIE

elegant, exakt und ladylike

NAME:
Kamelie

BOTANISCHER NAME:
Camellia japonica

BOTANISCHE FAMILIE:
Teestrauchgewächse (Theaceae)

BEHEIMATET IN:
Nepal, Vietnam, Südchina, Korea, Südjapan

IN EUROPA EINGEFÜHRT:
nachweisbar ab 1739 in England

W as für einen Nimbus hat alleine das Wort
»Kamelie«! Die Pflanzenfans denken unmittel-
bar an die edle Blume, die angeblich heikel in
der Pflege ist. Freunde klassischer Musik und Litera-
ten haben sofort die Verdi-Oper »La Traviata« im
Sinne, deren Libretto bekanntlich auf dem Roman
»Die Kameliendame« von Alexandre Dumas dem
Jüngeren basiert. Doch woher kommt dieses
gedankliche Szenario der Noblesse und des Elitären,
wenn wir uns einer Kamelie nähern? Denn auch
wenn die Pflanzenerscheinung und Blüten einer
vitalen Kamelie stets mondän wirken, ist das nur
die halbe Erklärung.

Die Kamelie kam im 18. Jahrhundert aus Ostasien nach Europa. Wahrscheinlich ist ihre Einfuhr-
geschichte mit dem Bemühen, Teesträucher aus
China auszuführen, verknüpft. Das gelang allerdings
erst sehr viel später. Ob zu diesem frühen Zeitpunkt
chinesische Unterhändler nicht ganz botanisch sattel-
feste europäische Käufer täuschen wollten, ob diese
selbst irrtümlich zugriffen oder ob tatsächlich die
Kamelie von vornherein als Zierpflanze eingeführt
wurde, ist nicht schlussendlich geklärt: Fakt ist, dass
Kamelienpflanzen den Teepflanzen stark ähneln.
Kein Wunder: Sie sind ja auch nahe miteinander verwandt. Allerdings schmecken aufgebrühte Kamelien-
blätter nicht ansatzweise so delikat wie das chinesische und längst auch englische Nationalgetränk.

Sei es wie es sei: Einige Kamelienpflanzen
segelten gen Europa. Es war das Zeitalter des Barock
und neu entdeckte, exotische Pflanzen waren echte
Statussymbole der Fürsten. Diese verfügten über
die Mittel, Glashäuser auch für frostempfindliche
Gewächse zu bauen. Berühmt in dieser Hinsicht
ist die Pillnitzer Kamelie: Zwischen 1770 und 1790
gelangte eine rosarot, einfach blühende Kamelie an
den sächsischen Königshof nach Dresden und 1801
wurde diese Pflanze in den Schlossgarten von
Pillnitz ausgepflanzt. Als Winterschutz bekam die
frostempfindliche Kostbarkeit ein eigenes Glashaus,
das jedes Jahr im Herbst auf- und im Frühling abge-
baut wurde und wird. Diesen Aufwand und auch die
sonstige optimale Pflege belohnt diese immer noch
vitale Kamelie mit stetigem Wachstum – sie ist nun
etwa neun Meter hoch – und einer Fülle von Tausenden Blüten, die sich jährlich über etwa sieben Früh-
lingswochen hinzieht.

Kamelien fanden auch sonst beim Adel und dem sich konstellierenden Großbürgertum Anklang und es gehörte im 19. Jahrhundert bei der High Society Europas zum guten Ton, mit einem Wintergarten, worin etwa Palmen und Kamelien gediehen, zu repräsentieren. Daher war in diesen Kreisen die Kamelie wohlbekannt und Edelkurtisanen wie Marie Duplessis, die zum Vorbild der Romanfigur der Kameliendame wurde, bewegten sich freilich auch in der luxusliebenden Gesellschaft.

Das früheste europäische Zentrum der Kamelienzüchtung war das Belgien Mitte des 19. Jahrhunderts. Dort entstanden auch gefüllte Sorten, die so exakt aufgebaut sind, als hätte sie ein akribischer Ingenieur entworfen. Mittlerweile wurden weltweit Hunderte von Sorten gezüchtet, die auch für jedermann erschwinglich sind. Einige Kamelien-Sorten überstehen an geschützten Plätzen außerdem Winter im Freiland. Bei geschickter Sortenwahl braucht niemand mehr ein Gewächshaus auf- und abzubauen, der jedes Jahr gebannt das Blütenschauspiel dieser unnahbar scheinenden, aber am richtigen Standort überraschend unkomplizierten Kamelie feiern möchte.

Ob Sie feinsten Tee dazu servieren, wie im China der Qing-Dynastie, oder Champagner, wie während der Belle Époque Frankreichs, ist freilich reine Geschmackssache ... ❦

KURZES PFLANZENPORTRÄT:

- *langsam wachsendes, immergrünes, vieltriebiges, buschiges Gehölz*
- *im Alter mehr als mannshoch*
- *spitz zulaufendes, eiförmiges, festes, glänzendes, dunkelgrünes Laub*
- *kurz gestielte, einzeln oder in kleinen Gruppen stehende Schalenblüten in Farben zwischen Weiß und Rot – zuweilen gestreift oder marmoriert, selten gelblich; Gartenformen blühen einfach bis voll gefüllt*
- *Blütezeit sorteneigen zwischen Dezember und April*
- *Zierwert sind die Blüten und nachrangig die immergrüne Pflanze*

STANDORT:

- *im Freiland halbschattig – idealerweise nach Osten ausgerichtet*
- *Boden/Substrat sauer bis schwach sauer, humos, nicht austrocknend*
- *im Winter windgeschützt und frostfrei, einige Sorten vertragen Fröste bis etwa – 10 °C*
- *im Sommer stets im Freiland*
- *bei Frostgefahr in einem sehr hellen, sehr kühlen Raum mit maximal 12 °C*

PFLEGEGRUNDSÄTZE:

- *stets feucht halten, aber nie vernässen lassen*
- *Pflanzen, sobald Knospen erkennbar sind, eventuell ins Winterquartier stellen und dann nicht mehr drehen*
- *Freilandkamelien mit Kompost im Frühling versorgen und einmal Langzeitdünger (etwa für Rhododendron oder Hortensien) geben*
- *getopfte Kamelien zwischen März und September wöchentlich mit Flüssigdünger versorgen*

VERWENDUNG:

- *an passenden, hinreichend frost- und windgeschützten Standorten als Frühlingssolitär im Freiland*
- *als Kübelpflanze bei günstigem Standort ganzjährig im Freien*
- *als temporäre Zimmerpflanze von Ende Oktober bis April in kühlen Räumen*

DIE GLADIOLE

prachtvoll, markant und farbenfroh

NAME:
Garten-Gladiole, Gladiole

BOTANISCHER NAME:
Gladiolus × hortulanus

BOTANISCHE FAMILIE:
Schwertliliengewächse (Iridaceae)

BEHEIMATET IN:
Europa bis Südafrika

IN EUROPA EINGEFÜHRT:
zeitversetztes Einführen von Arten, die zur Entwicklung der
Garten-Gladiolen im 18. und 19. Jahrhundert führten

Hinsichtlich der Verwendung von Garten-Gladiolen in Beeten gibt es meist nur zwei Meinungen: »Auf keinen Fall diese steifen Dinger« oder »unbedingt diese wundervolle Pracht«. Hinsichtlich der Einschätzung dieser Pflanzen als Schnittblumen sind sich aber so ziemlich alle Blumenfans einig und die Urteile fallen zwischen »wundervoll« bis »atemberaubend« aus. Unser Bild der Gladiole ist eindeutig geprägt von den großblumigen Garten-Sorten. Das ist verständlich, doch nur die halbe Wahrheit – und bis es dazu kam, dauerte es eine Weile und erforderte botanisches Entdeckertum sowie gärtnerische Expertise.

DIE GLADIOLE

Fangen wir am Anfang an: In Europa, genauer Süd-Europa, gab es immer schon Gladiolen. Sie laufen meist unter ihrem deutschen Namen »Siegwurz« und zeigen im Frühsommer ihre Blüten. In Mitteleuropa ist etwa die pinkfarben blühende, sehr hübsche *Gladiolus palustris* beheimatet und sogar winterhart; kundige Gärtner haben sie auf dem Zettel für Staudenbeete. Ähnlich blühen und – bei uns ebenfalls meist dauerhaft – wachsen die beiden südeuropäischen Arten *Gladiolus communis* und *Gladiolus illyricus*. Diese drei Gladiolen-Arten setzen hübsche Akzente, liefern jedoch keine prunkende Show. Auch wenn die Farbe weithin leuchtet, wirken die Blütenstände locker und naturhaft.

Mit dem Eintreffen der Gladiolenarten aus Südafrika wurde die Aufmerksamkeit ambitionierter Gärtner definitv von den Siegwurzen vollends abgezogen. *Gladiolus tristis* und *Gladiolus cardinalis* kamen 1745 in die Obhut von Philip Miller (1691–1771), einem der Granden in der Riege prägender Botaniker. Er baute den Londoner Chealsea Physics Garden zum damaligen Zentrum botanischer Gärten Englands aus und hegte alle pflanzlichen Neuankömmlinge, derer er habhaft werden konnte. Davon profitierten nahe gelegene, neu gegründete Gärtnereien, die kommerziell tätig waren – unter anderem die von James Colville (1746–1822). Doch erst 1823 kreuzte dessen Sohn James Colville jr. (1777–1832) die beiden genannten exotischen Gladiolenarten miteinander und steigerte so die allgemeine Qualität dieser Pflanzen. Sie wurden *Gladiolus × colvillei* genannt und gelten als die Initialzündung für die weitere Entwicklung der Garten-Gladiolen, in die nach und nach weitere neu entdeckte Arten in

Europa eingekreuzt wurden. Einen neuen Höhe-
punkt brachten Sorten von *Gladiolus × gandavensis*,
die 1841 aus den Arten *Gladiolus dalenii* und *Gladiolus oppositiflorus* entstanden. Sie hatten schon die
feste Substanz und nahezu die Blütengröße heutiger
Sorten. In England, Frankreich, Deutschland und
zunehmend den USA wetteiferten die Züchter
um die schönsten Sorten und das reichste Farbspektrum. Ein stabiler Gelbton wurde erst möglich, als
1903 neue Herkünfte der eigentlich bereits bekannten *Gladiolus papilio* nach Europa kamen. Einige
Exemplare dieser Lieferung hatten eine besonders
ausgeprägte gelbe Grundfarbe, die nicht wie sonst
allzusehr von einem Rotton überlagert war. Sie wurden mit den Hybriden aus der *Gladiolus × gandavensis* gekreuzt und der Weg zum kompletten Farbspektrum außer reinem Blau war geebnet.

Kommen Sie noch mit bei den vielen Gladio-
len-Namen? Wenn nicht, befinden Sie sich in bester
Gesellschaft. Die Fachleute verloren auch irgendwann den Überblick. Zu komplex wurden die
Züchtungen, die zu Tausenden von Sorten führten,
um sie auf bestimmte Wildarten zurückführen
zu können. Daher einigte man sich – ähnlich wie
bei Rosen – auf die Einführung von Klassen. Jede
der drei Gladiolen-Klassen umreißt Hauptmerkmale
einer Gladiolenpflanze und jede neue Sorte wird
nach Sicht und Bewertung einer von ihnen zugeord-
net:

Nanus-Gladiolen werden nicht höher als
110 Zentimeter, haben maximal 5 Zentimeter große
Blüten in einer kurzen, lockeren Ähre, die im Frühsommer erscheint. Als einzige Gladiolenklasse kann
sie bis zu drei Blütenstände pro Knolle hervorbrin-

gen; alle anderen wachsen nur eintriebig, wenn sich auch hin und wieder ein kurzer Seitentrieb mit Blüten zeigen kann.

Eindeutige Primulinus-Gladiolen werden zwar auch höchstens 110 Zentimeter hoch, haben aber meist deutlich reicher bestückte Blütenstiele mit etwas größeren Blüten, die zudem dreieckig geformt sind. Sie blühen im Früh- und Hochsommer.

Grandiflorus-Gladiolen bilden die zahlenmäßig und auch im Anbau bei weitem größte Gruppe; es sind diejenigen, die durch ihre Opulenz beeindrucken. Ihre Stiele können über 130 Zentimeter hoch wachsen und mehr als 25 Blüten tragen, die bis zu viermal so groß sind wie die der kleinsten Gruppe. Je nach Pflanztermin blühen sie im Früh-, Hoch- oder Spätsommer.

Grandiflorus-Gladiolen gehören zu den besten Groß-Schnittblumen, die man sich vorstellen kann. Sie werden weltweit angebaut und überstehen selbst längere Transportwege unbeschadet, wenn sie knospig genug geschnitten werden. Doch wir sind nicht angewiesen auf internationale Handelswege. Die beste Qualität wächst regional um die Ecke – entweder auf Feldern, auf denen man Blumen in der Saison selbst schneiden darf, oder in Kulturen, die hiesige Freilandgärtner bewirtschaften und mit den Blumen Marktstände und Floristik-Geschäfte versorgen. Ein Sommer ohne Gladiolenpracht wenigstens in der Vase ist unvollständig – jedenfalls für mich.

Und dann stehe ich vor so einer Vase und denke: Kinder, Kinder, was habt ihr für eine bunte Ahnenreihe – kein Wunder, dass ihr so unwiderstehlich schön seid. ✍

KURZES PFLANZENPORTRÄT:

- *mehrjährige, nicht winterharte Knollenpflanze*
- *zwischen 50 und 150 Zentimeter*
- *pro Knolle langgestreckter, steifer Fächer aus schwertförmigen Blättern mit ährenförmigem Blütenstand dazwischen*
- *im Mittel 8 bis 15 seitlich ausgerichtete, fünfzählige Blüten*
- *relativ große Einzelblüten; Farbspektrum nahezu unbegrenzt außer klare Blautöne; zahlreiche Sorten mit Maserungen, Zeichnungen oder Farbverläufen*
- *Blütezeit Frühsommer bis Herbstanfang*

STANDORT:

- *sonnig*
- *Gefäßkultur möglich*
- *Boden/Substrat durchlässig, nährstoffreich*
- *windgeschützter Standort*

PFLEGEGRUNDSÄTZE:

- *Pflanzung von Vollfrühling bis Anfang Hochsommer*
- *zeitlich in etwa 14 Tagen Abstand gestaffelte Pflanzung gewährleistet Ausdehnung der Blütezeit bis weit in den Herbst*
- *Knollen etwa eine Handbreit tief setzen*
- *Pflanzen nicht völlig austrocknen lassen*
- *Nährstoffversorgung sicherstellen*
- *Blütenstände bei sehr großblumigen Sorten windsicher an Halterungen sichern*
- *zur Schnittblumengewinnung wird meist die ganze Pflanze abgeschnitten – weitere Kultur der Knollen bis zur erneuten Blühreife ist langwierig*
- *Verblühtes ausschneiden, wenn Knollen weiterkultiviert werden sollen*
- *vor den ersten Frösten Pflanzen ausgraben, frostsicher abtrocknen lassen, Knolle abschneiden und dunkel und kühl überwintern*
- *Neupflanzung erst wenn die Fröste vorbei sind; kleine Tochterknollen extra weiter kultivieren (etwa in Gefäßen), bis sie blühfähig sind*

VERWENDUNG:

- *Schnittblume*
- *Prachtpflanze in Beeten und Gefäßen*
- *kleinblumige Sorten fügen sich ausgezeichnet auch in Staudenbeete oder Arrangements von Pflanzgefäßen ein*

DER
SONNENHUT

heiter, strahlend und verlässlich

NAME:
Rauer Sonnenhut, Rudbeckie

BOTANISCHER NAME:
Rudbeckia hirta

BOTANISCHE FAMILIE:
Korbblütler (Asteraceae)

BEHEIMATET IN:
Süd-Kanada bis Süden der USA

IN EUROPA EINGEFÜHRT:
um 1750; beschrieben 1753 von Linné in Schweden

Bei Sonnenhüten gibt es eine gewisse Verwirrung. Und das sowohl modisch als auch botanisch. Bei der Wahl eines Sonnenhutes für die beginnende Sommersaison sollten Accessoires wie Sonnenbrille, Strandtasche und Liegehandtuch durchaus berücksichtigt werden. Falls Mann oder Frau das unterlässt, hat man einen falschen Sonnenhut erwischt. Zum Verdruss aller avantgardistischen Modemacher achte ich zwar stets auf angemessene, passende Kleidung, betrachte mich aber nicht als »Fashion Victim« und bevorzuge Looks, die sich bei

DER SONNENHUT

mir bewährt haben. So trage ich niemals einen Hut, stets aber sind meine wallenden Locken durch eine sorgsam gewählte Kappe bedeckt, sowie sich die Sonne auch nur erahnen lässt. So gesehen, trage ich immer einen falschen Sonnenhut ...

... und alle, die Pflanzen für den Garten aussuchen, können ungewollt auch einen falschen Sonnenhut erwischen, aber keine Sorge, das ist genauso unproblematisch wie meine Vorliebe für Kappen statt Hüten.

Hinter der Verwechslungsgefahr steckt eine Namesgleichheit in der deutschen Sprache von zwei Pflanzengattungen: *Echinacea* und der hier thematisierten *Rudbeckia*. Für *Echinacea* kursieren zur klaren Identifikation auch Namen wie »Schein-Sonnenhut« (... warum eigentlich nicht Sonnenschein-Hut?), »Igelkopf« oder es wird der botanische Name verwendet; der ist ja auch durch den Inhaltsstoff dieser Pflanze »Echinazin«, der bei Erkältungen zum Einsatz kommt, bekannt genug.

Bei *Rudbeckia* hat sich das eingedeutschte »Rudbeckie« zusätzlich zum Namen »Sonnenhut« etabliert.

Damit sind wir bei der Namensgebung, die oft am Anfang der Karriere einer Wildpflanze zum Gartenstar steht. Carl von Linné hat diese Pflanze aus Nordamerika auf die gleiche Weise kennengelernt wie etwa den Hohen Phlox, *Phlox paniculata*. Mr. Bartrams und Mr. Collinsons transatlantischer Austausch funktionierte auch hier bestens. Linné gab der neu klassifizierten Pflanzengattung ihren Namen zu Ehren des schwedischen Wissenschaftlers Olof Rudbeck. Allerdings gab es zwei davon: einen Vater (1630–1702) und einen Sohn (1660–1740).

Ob Linné, der selbst 1707 geboren wurde, den Vater posthum ehren wollte, weil der den Botanischen Garten in Uppsala einst anlegte, der so wichtig für die Forschung werden sollte? Oder doch eher den Sohn, der als Universitätsprofessor die frühe Karriere Linnés mitförderte? Und da gab es auch noch einen Sohnessohn namens Johan Olof Rudbeck (1711–1790), der ebenfalls Botaniker war ... Nun, eigentlich spielt das keine Rolle – sie alle haben sich um Pflanzen verdient gemacht und bei botanischen Benennungen werden üblicherweise keine Vornamen mit einem Nachnamen gemeinsam genannt.

Der deutsche Name »Sonnenhut« für Rudbeckien erklärt sich augenblicklich, wenn man einen ihrer Blütenstände ansieht: ein typisches Asterngewächs-Blütenkörbchen mit einer proportional eher kleinen Mitte aus fruchtbaren Röhrenblüten und einem langen Kranz aus schmalen Zungenblüten. Der steht waagerecht bis etwas geneigt wie eine Hutkrempe ... oder vielleicht ein Sonnenschirm ... Nein, einen neuen Namen führen wir jetzt lieber nicht ein.

Es gibt staudig und einjährig wachsende Rudbeckien-Arten, die in Beeten oder Pflanzgefäßen für feurige Farben sorgen. Sattes Gelb, warmes Rot und Braunrot sind die Hauptfarben der auffälligen Zierblüten; das Zentrum, um das sie sich gruppieren, ist meist schwärzlich-braun.

Die staudig wachsenden Arten sind nicht mehr aus unseren sommerlichen Gärten wegzudenken – vor allem *Rudbeckia fulgida* var. *sullivantii* 'Goldsturm' ist verständlicherweise seit ihrer Selektion durch Karl Foerster und Heinz Hagemann vor knapp 90 Jahren der Dreh- und Angelpunkt vieler Pracht-

staudenbeete und Anlagen im Prärie-Stil, vergesell-
schaftet mit Indianernesseln (*Monarda*) oder diversen Gräsern. Allerdings teilen alle Rudbeckien, so
unverwüstlich sie im Grunde sind, das Schicksal
vieler Prachtstauden, derzeit aus der Zeit zu fallen,
denn sie müssen bei Trockenheit gut gewässert
werden, sonst bleiben sie weit hinter ihren Möglichkeiten zurück.

Einjährig wachsenden Sonnenhüten der Gattung *Rudbeckia* verzeiht man ihren hohen Wasserbedarf eher als den Stauden – vermutlich, weil es
sowieso klar ist, dass Sommerblumen vor allem in
Kübeln und Kästen gut gewässert und gedüngt werden müssen. Das Sortenspektrum gerade der meist
einjährig kultivierten *Rudbeckia hirta* ist in den
letzten Jahren stark ausgebaut worden. Der Durchmesser der Blütenkörbe kann über 15 Zentimeter
betragen; die Farben sind brillanter denn je, und
wenn Verblühtes ausgeschnitten wird, blühen die
Pflanzen von Mai bis zum Frost eine ganze Saison
lang.

Nicht schlecht – dann kann man sich ja zur
darauffolgenden Sommerzeit überlegen, welches
neue Modell von einem Sonnenhut am besten passt.
Etwas Neues will ja auch ausprobiert werden. Bei
den Pflanzen mache ich das sehr gerne, ich bin ja
wirklich neugierig und will alles selber sehen und
pflegen, das mich interessiert. Was Kopfbedeckun-
gen betrifft ... Sie wissen schon: Da bleibe ich bei
meinen lieb gewonnenen Kappen. ✎

KURZES PFLANZENPORTRÄT:

- *verschieden lang ausdauernde Staude*
- *wird meist ein- oder zweijährig kultiviert*
- *je nach Sorte 20 bis 100 cm hoch*
- *grüne Pflanzenteile sind rau behaart*
- *einteiliges, längliches, etwas gebuchtetes Laub*
- *an Triebspitzen einzeln oder in Gruppen stehende, gestielte Blütenkörbe*
- *haltbare, margeritenartige Blüten; Ausgangsfarbe ist ein brokaten wirkendes Goldgelb, Farbskala erweitert bis zu Creme, Orange und tiefem Rot; zuweilen geringt*
- *Blütezeit ab Frühsommer, Schwerpunkt Voll- und Spätherbst*

STANDORT:

- *sonnig*
- *Boden/Substrat kann unterschiedlich ausfallen*

PFLEGEGRUNDSÄTZE:

- *im Frühling am Fensterbrett oder im Glashaus zur Vorkultur aussäen*
- *Jungpflanzen ab April oder Mai bei mildem Wetter setzen*
- *Gartenformen nie ganz austrocknen lassen*
- *Aussaat auch im Mai oder Juni möglich – für das kommende Jahr*
- *Verblühtes stetig ausschneiden*
- *Probieren, die Pflanzen zu überwintern – die Ausgangsart ist winterhart*

VERWENDUNG:

- *Beetstaude*
- *Sommersaisonpflanze für Rabatten und Gefäße*
- *Schnittblume*

DIE TEE-ROSE

kultiviert, feinsinnig und innovativ

NAME:
Tee-Rose

BOTANISCHER NAME:
Rosa × odorata

BOTANISCHE FAMILIE:
Rosengewächse (Rosaceae)

BEHEIMATET IN:
China

IN EUROPA EINGEFÜHRT:
*zuerst 1752 in Schweden, frühes 19. Jahrhundert
in England und Frankreich*

Jetzt geht es um eine Rosenart, die zwar eine Rose ist, aber eigentlich keine echte Art – und ohne die unsere Vorstellung von Rosen nicht komplett wäre. Die Tee-Rose gibt es nicht wild, sondern sie ist eine Schöpfung chinesischer Gärtner, die vor mehr als 300 Jahren vermutlich in Kanton entstanden ist. Die beiden Rosenarten *Rosa gigantea* und *Rosa chinensis* wurden dazu miteinander gekreuzt. In der Folge wurden weitere Kombinationen mit entwickelten Gartensorten von *Rosa chinensis* und anderen vorgenommen. Dabei entstand eine variantenreiche Rosenklasse. Sowohl die Wuchsformen von kletternd bis kompakt als auch die Blüten-

DIE TEE-ROSE

formen sind sehr unterschiedlich ausgeprägt. Doch das eigentlich Sensationelle waren erste Gelbtöne der locker bis gut gefüllten Blüten und eine wiederholte Blüte bis in den Herbst. So etwas kannte man damals in Europa nicht.

Und um es gleich klarzustellen: Die Namensgebung liegt im Dunklen. Es gibt Erklärungen, nach denen diese Rosen einst chinesischen Tee aromatisierten oder auf Tee-Klippern nach Europa kamen, und ein paar andere – alle können so wahr wie falsch sein.

Sehr wahrscheinlich kamen erste Tee-Rosen 1752 aus China nach – ausgerechnet – Schweden. Warum sie dann erst eine Weile in Vergessenheit geraten sind, kann nur gemutmaßt werden. Vielleicht waren die ersten Sorten keine gelb blühenden, bestimmt aber waren sie nicht besonders winterhart. In Schweden dürften sie jedenfalls nicht überzeugt haben.

Das änderte sich aber um 1810, denn diverse Tee-Rosen gelangten nach England und Frankreich. Nachweislich sind vier zartgelbe 'Parks' Yellow Tea-Scented China' 1824 durch den britischen Pflanzenentdecker John Damper Parks (ca. 1792–1866) in seiner Heimat angekommen. Es muss vorher schon mehrere Versuche gegeben haben, genau diese Rose in Töpfen per Seefracht nach Europa zu bringen. Parks berichtet von einem Commander, der diese kostbaren Tee-Rosen in seiner Kabine behielt, wo sie schon drei Wochen nach der Abreise aus Kanton eingingen. Parks hingegen stellte seine vier Pflanzen an Deck und verlor nur eine.

Der bereits als Rosenzüchter arbeitende Franzose Jean Laffay (1794–1878) präsentierte bereits

1824/1825 15 Tee-Rosen-Sorten – das dürfte belegen, dass diese Rosen zu dem Zeitpunkt schon eine Weile in Frankreich existierten. Etwa 15 Jahre später gab es frühe Erfolgssorten, die noch heute bei Spezialisten erhältlich sind. Besonders fleißig züchtete der Franzose Gilbert Nabonnand (1828–1903) Tee-Rosen, die in allen Nuancen – oft mehrfarbig – zwischen Rosa, Gelb und Weiß schillerten. 1906 zählte man in einem Nachschlagewerk für »Rosisten« nicht weniger als 1434 verschiedene Züchtungen.

Dass Frankreich sich zum Hot-Spot der Tee-Rosen entwickelte, liegt an den günstigen Wetterbedingungen etwa der Riviera. Tee-Rosen sind frostempfindlich und brauchen ein Höchstmaß an Sonne – dann entfalten sie ihre volle Schönheit fast das ganze Jahr hindurch. In regenreichen Gebieten stellen sich zudem gerade bei ihnen schnell Pilzkrankheiten wie Sternrußtau ein.

Allerdings weckten die Gelbtöne, die Dauerblüte und die oft elegant hochgebaute Knospe und Blüte – auch das war bis dato unbekannt – Bestrebungen, solche edlen Rosen auch in raueren Lagen Nordeuropas anzubauen. Weitere Rosenklassen, die (nicht alle und nicht durchgängig) härter im Nehmen waren als die Tee-Rosen, wurden etwa zeitgleich in Europa ausgebaut, beispielsweise die Noisette-Rosen oder die China-Rosen.

Alles änderte sich aber, als 1887 die erste sogenannte Tee-Hybride die Rosenbühne betrat: Die legendäre rosafarbene 'La France' des Züchters Jean-Baptiste André Guillot (1827–1893). Sie markiert die Wende von den alten Rosen zu den modernen Rosen, denn die Züchtungslinien wurden so unüber-

sichtlich und komplex, dass sich ein Zusammenhang aufgrund der Abstammung kaum mehr her-
leiten ließ.

Die Tee-Rosen gaben ihren Namen also mehr
oder weniger ab an die Tee-Hybriden, die heute
Edelrosen genannt werden. Diese Rosen wachsen
kräftiger, straffer und halten die großen Blüten
zuverlässig aufrecht – als Extrem dessen kann etwa
die berühmte Schnittrose 'Baccara' mit all ihren
Nachfolgemodellen gelten. Tee-Hybriden haben
sich zahlreiche Merkmale der Tee-Rosen bewahrt
und wurden zu winterharten und mit der Zeit auch
bei ungünstigem Wetter gesund belaubten Sorten
weiterentwickelt. Doch dabei verloren sie die Fein-
heit der Tee-Rosen: Man kann eben nicht gleichzeitig starke, gerade Stiele züchten und erwarten,
dass die Pflanzen anmutige Büsche bilden. Tee-
Rosen standen schnell im Schatten der neuen Tee-
Hybriden und die meisten Sorten, die vor 140 Jahren
für Furore sorgten, sind längst verloren; nur wenige
wurden gerettet und wachsen in bewahrenden
Rosarien.

Wer sich aber einen Eindruck verschaffen
möchte, warum die Tee-Rosen einst so begehrt
waren: Es gibt noch ein, zwei Handvoll Sorten, die
im Garten oder in Gefäßen gut bis sehr gut gedeihen, sofern man ihnen einen perfekten Winterschutz bietet. Eine der schönsten Rosen, die ich
kenne, gehört dazu: Die in delikaten Gelbtönen
schimmernde 'Lady Hillingdon', von der ich die
kletternde Form mit dem Namenszusatz »Climbing«
besonders liebe. Geben Sie ihr einen Platz an der
Sonne und verwöhnen Sie sie ein bisschen – so
machen Sie eine Zeitreise in die Ära der verrückten

Pflanzensammler und Rosennarren ... Auch heute noch sind solche Menschen nicht die schlechteste Gesellschaft. ✿

KURZES PFLANZENPORTRÄT:

* *vieltriebiges, buschiges bis kletterndes, bestacheltes Gehölz*
* *zwischen etwa 80 Zentimeter bis 3 Meter hoch*
* *eher glattes, matt glänzendes, meist fünffach gefiedertes Laub*
* *an Triebspitzen meist in kleinen Gruppen stehende, große, weiße, rosa oder gelbe Blüten in sehr vielen Mischungen und Nuancen*
* *Blütezeit ab Mai bis zum Frost*
* *Zierwert sind die Blüten*

STANDORT:

* *sonnig*
* *Boden/Substrat fruchtbar und tiefgründig*

PFLEGEGRUNDSÄTZE:

* *gut mit Nährstoffen versorgen, doch nicht zu viel Stickstoff geben – daher besser keinen Kompost ausbringen*
* *im Frühling gut um etwa zwei Drittel der Höhe zurückschneiden, dabei auffallend dünne Triebe ganz entfernen*
* *Verblühtes mit zwei voll entwickelten Laubblättern stets entfernen*
* *vor Frost schützen durch Anhäufeln und/oder Fichtenreisigdecke bzw. Vlies*

VERWENDUNG:

* *für geschützte Lagen hohe Sorten als Solitär*
* *buschige Sorten für Beete*
* *als edle Schnittblume*
* *kompakte Sorten als besondere Kübelpflanze*

DER SOMMER-FLIEDER

umschwärmt, kontrovers und wertvoll

NAME:
Sommerflieder, Schmetterlingsflieder

BOTANISCHER NAME:
Buddleja davidii

BOTANISCHE FAMILIE:
Braunwurzgewächse (Scrophulariaceae)

BEHEIMATET IN:
China und Tibet

IN EUROPA EINGEFÜHRT:
1869 in Frankreich

Sommerflieder begegnen wir sehr oft auch in freier Natur – meist auf armen Böden in offener Lage oder vernachlässigten Anlagen; selbst im Schotter stillgelegter Bahngleise wächst und blüht er üppig. Außerdem wird er von allerlei Insekten belagert, die Nektar finden. Spontan könnte man vermuten, dass dieses Gehölz bei uns heimisch ist – doch das stimmt nicht.

Diese weit verbreitete Pflanze stammt aus Zentralasien nördlich des Himalaya. Dort nennt man sie »Mi Menghua« und findet sie vor allem auf

Pett Drake del. Pub. by J. Ridgway 169 Piccadilly Nov. 1846 S. Barclay sc.

DER SOMMERFLIEDER

Berghängen, die dicht von ihr bewachsen sind.

Der Franzose Jean-Pierre Armand David (1826–1900), ein Mitglied des katholischen Ordens der Lazaristen, reiste eigentlich als Missionar nach Peking, interessierte sich aber sehr für Zoologie und Botanik und wurde zu einem bedeutenden Sammler fremder Arten. Von Peking aus unternahm er lange Reisen in die Mongolei oder nach Tibet. Viele seiner Entdeckungen schickte er während seiner Zeit im Reich der Mitte nach Europa; etwa 1878 kehrte der Pater selbst in seine Heimat zurück.

Der Schmetterlingsflieder erreichte früher als sein Entdecker Pére David Frankreich; 1869 gilt als sicher. Die botanische Erstbeschreibung erfolgte 1887 durch den ebenfalls berühmten Pariser Botaniker Adrien René Franchet (1834–1900). Er ehrte mit dem Artepitheton »davidii« den Entdecker. Das ist insofern interessant, weil unser Sommerflieder im Jahr der botanischen Benennung in Frankreich unabhängig davon seinen Weg in die Londoner Kew Gardens fand, wo er von William Botting Hemsley (1843–1924) zügig, aber etwas später als in Frankreich benannt wurde: als *Buddleja variabilis*. Das fiel erst ein Vierteljahrhundert später auf und wurde korrigiert. Zwischendurch erreichten noch einige andere Lieferungen des Sommerflieders – etwa von Vilmorin oder Wilson aus China – Paris bzw. London.

Sommerflieder gedeiht eigentlich überall in der Sonne und hält Fröste bis etwa minus 20 °C in seiner Winterruhe aus. Zudem ist er selbst als definierte Sorte leicht durch Steckhölzer vermehrbar. So ist er nicht nur eine unkomplizierte Gartenpflanze, sondern zählt auch zu den erschwinglichsten Gehölzen überhaupt. Kein Wunder, dass er zu den populärsten Sommerblühern gehört. Schmetterlinge und viele andere Insekten werden wie magisch von den herb duftenden, nektarreichen Blüten angezogen und reich belohnt. Es kursierte vor ein paar Jahren eine Falschmeldung in den Medien, die wohl viele unkundige Journalisten ungeprüft abgeschrieben haben: Dass Sommerflieder Schmetterlinge oder Hummeln vergiftet und sie dadurch schnell von Fressfeinden erbeutet werden können. Das fußt auf der Beobachtung eines einzigen Menschen während ein paar Herbstabenden, wo Insekten sowieso etwas taumeliger sind als im Sommer! Das Ganze wurde professionell getestet und man fand heraus, dass *Buddleja-davidii*-Nektar keine auffälligen Folgen bei Insekten verursacht.

Folgenreich sind hingegen die Besuche der Saftsauger, denn sie bestäuben die Blüten und kurbeln die Samenbildung an. Die erfolgt reichlich. Schon seit den späten 1920er-Jahren – also gut 50 Jahre nach der Einführung in Europa – fanden sich »Gartenflüchtlinge« in freier Natur, die sich über die Zaungrenze hinaus aussäen konnten. Mittlerweile ist das zum Problem geworden, denn an vielen Plätzen außerhalb von Gärten und Parks dominiert der Sommerflieder schon das Landschaftsbild und heimische Arten geraten sehr ins Hintertreffen. Allerdings ist es mittlerweile schon fast aussichtslos, die freien Bestände merklich zu dezimieren. Doch jeder Sommerfliederfan kann bei den eigenen Pflanzen dafür sorgen, dass sie diese Ausbreitung nicht noch fördern: Einfach Verblühtes abschneiden, ehe sich Samen bilden. So sind Sommerflieder eine reine Freude. Als Rosenliebhaber kommen mir *Buddleja davidii* sowieso wie gerufen, denn Rosen liefern nur Pollen – und Schmetterlinge brauchen Nektar zum Überleben. Jetzt habe ich beide Sommerstars in meinem Pöttchengarten als Kübelpflanzen nebeneinander. Eine ökologisch ebenfalls scheel beäugte Rugosa-Rose, genauer gesagt die tiefrote Sorte 'Strandperle Norderney' und ein kompakter, rot blühender Sommerflieder 'Buzz Velvet'. Aber keine Sorge: Ich schneide rechtzeitig alles Kritische aus. ✌

DER SOMMERFLIEDER

KURZES PFLANZENPORTRÄT:

- *winterhartes Gehölz*
- *mehrstämmig, reich verzweigt*
- *je nach Sorte 60 bis 300 cm hoch*
- *blüht an diesjährigem, jungem Holz*
- *graugrünes, lanzettliches, gegenständiges, etwas an Weiden erinnerndes Laub*
- *bis etwa 30 cm lange, proportional überstreckte, spitzkegelige Blütenstände an den Triebenden aus sehr kleinen Blüten; weiß, lila, rot, purpurn; gelegentlich mehrfarbig*
- *bildet zahlreiche Samenkapseln*

STANDORT:

- *sonnig*
- *Boden/Substrat soll nicht gerade staunass sein, ansonsten alle möglich*

PFLEGEGRUNDSÄTZE:

- *starker Rückschnitt etwa Mitte April: gut vier Fünftel der Pflanze können bis auf die Hauptäste entfernt werden – das bringt die schönsten Blütenstände*
- *Verblühtes bitte vor der Samenbildung konsequent ausschneiden*
- *Zeigen sich erste Samen, ebenfalls abschneiden, dann aber nur in der Bio-Tonne entsorgen*

VERWENDUNG:

- *sommerblühendes Gartengehölz*
- *kleinwüchsige Sorten sind perfekt für Kübel*
- *sehr ergiebige Nektarquelle für Schmetterlinge und Bienen von Hochsommer bis Herbst*

DIE FUCHSIE

DIE FUCHSIE

elegant, einzigartig und variantenreich

NAME:
Fuchsie

BOTANISCHER NAME:
Fuchsia magellanica; Fuchsia-Hybriden

BOTANISCHE FAMILIE:
Nachtkerzengewächse (Onagraceae)

BEHEIMATET IN:
Mittel- und Südamerika

IN EUROPA EINGEFÜHRT:
Mitte bis Ende des 17. Jahrhunderts in England

Ich verstehe ganz und gar nicht, warum die derzeitige Auswahl an Fuchsien in größeren Ketten-Gartencentern und Baumärkten mit Gartenabteilungen so begrenzt ist! Man bekommt von den »stehenden Röckchenfuchsien« vielleicht vier Farben- oder Farbstellungen, dazu noch vielleicht zwei, drei hängende Sorten, eine Korallen-Fuchsie mit schmalen Blüten und ein paar Stämme in Standardfarben.

Welch eine Ignoranz der immensen Vielfalt der Fuchsiensorten gegenüber – und der beeindruckenden Leistung der Züchterinnen und Züchter, die sich dieser Pflanzengattung in Europa angenommen haben. Fuchsien waren seit ihrer Ankunft fast durchgängig immer beliebter als heute.

Das Eintreffen der ersten Fuchsie in Europa haben wir Charles Plumier (1646–1704), dem fleißigen französischen Paulaner-Mönch, zu verdanken, der nach seinen drei Reisen nach Mexiko, Brasilien und in die Karibik etwa 700 neue Pflanzenarten in 100 ebenfalls neuen Gattungen in Europa bekannt machte. Seine Fuchsie fand er auf der zweitgrößten Antilleninsel, die zuerst Hispaniola hieß. Später wurde sie geteilt und der östliche Bereich den Spaniern zugeeignet – er hieß erst Santo Domingo und ist heute die Dominikanische Republik. Der westliche Teil »gehörte« den Franzosen, wurde erst Saint-Domingue genannt und ist jetzt als Haiti bekannt. Wer sich für Pflanzenhistorie interessiert, erfährt als unmittelbare Folge davon einiges über die Kolonialzeit und deren Folgen ...

Plumiers Fuchsie war die Art *Fuchsia triphylla*, für die warmrote bis korallenfarbene schmale Blüten und recht großes Laub typisch sind. Mit dem Gattungsnamen gedachte Plumier dem bereits lange vor ihm verstorbenen, gleichwohl durch Publikationen botanischer Werke unsterblichen deutschen Gelehrten Leonhart Fuchs (1501–1566). Weitere Fuchsien-Funde stellten schnell klar, dass diese Gattung etwas mehr als 100 Arten umfasst. Da sich Fuchsien, ähnlich wie Begonien oder Rosen, recht gut artübergreifend kreuzen lassen, entstanden mit der Zeit weit über 10.000 gärtnerische Sorten.

Extrem wichtig für das Züchtungsgeschehen war die etwa um 1840 populär gemachte *Fuchsia magellanica*, die in milden Gegenden Englands die Winter auch im Freien überstand. Nach und nach trafen auch weitere Arten in Europa ein und von denen wurde *Fuchsia fulgens* eine weitere impulsgebende Art für die Entwicklung der Gartenfuchsien. Diese nahm im viktorianischen England einen fulminanten Start und eine gewisse Fuchsien-Manie verbreitete sich von dort schnell auch auf dem Kontinent, etwa in Frankreich, Deutschland und Österreich ... und bald auch in den USA. Das Who's who der besten Züchter, die sich im 19. und 20. Jahrhundert der Entwicklung von Gartenformen aus neu eingeführten Wildpflanzen annahmen, widmete sich auch sehr erfolgreich den Fuchsien, und etwa Anfang des 20. Jahrhunderts gründeten sich in zahlreichen Ländern »Fuchsiengesellschaften«, die den Austausch von Wissen noch heute fördern und die Züchtungsgeschichte dokumentieren. Letzteres ist extrem wertvoll angesichts der immensen Sortenvielfalt.

Aber diese scheint kaum noch gefragt zu sein. Große Pflanzenproduktions-Firmen haben standardisierte Hochleistungs-Sorten eingeführt, die derzeit das Marktgeschehen beherrschen. Masse mal Geschwindigkeit ist deren Formel und die führt zu reich blühenden, kompakten Pflanzen, die zum Verkaufszeitpunkt im Mai an den Points of Sale landen. Sie werden mit Wuchshemmern gespritzt – mit der Folge, dass sich dem ersten Flor eine Blühpause bis zum Juli anschließt, in der sich die Pflanze erholen muss und neu konstelliert.

Mir war das lange zu langweilig und ärgerlich und obwohl ich Fuchsien immer mochte, hatte ich sie deswegen aus dem Blick verloren. Einzig die Korallen-Fuchsie, die nicht so oft mit Wuchshemmern misshandelt wird, erregte hier und da mein Interesse. Doch das ist mittlerweile völlig anders, denn ich habe eine der wenigen noch existierenden

Spezialgärtnereien für Fuchsien kennengelernt: die von Rosi Friedl bei München. Die überaus liebenswürdige und kundige Rosi präsentiert eine umwerfend reichhaltige, betörende Auswahl an Sorten in bester Qualität – ohne Wuchshemmer behandelt, versteht sich. 2023 waren mein Mann, ein gärtnerisch ebenfalls enthusiastisches Freundespaar und ich bei Frau Friedl im Mai zu Besuch und kehrten finanziell verändert, doch überglücklich und reich an Pflanzenschätzen in einem Auto heim, das vor lauter Pflanzen kaum mehr Platz für uns vier bot. Durch Tipps von Rosi bekam ich den Bogen raus, Fuchsien zu überwintern und durch Stecklinge zu vermehren – das ist wirklich auch ohne Gewächshaus machbar.

Jetzt blühen die zweiten und dritten Generationen etwa von 'Marinka', 'Aladna's Sandler', 'Windhapper', 'Remembering Claire', 'Howlett's Hardy' oder 'Annabell' bei uns und neue Stecklinge bewurzeln immer irgendwo in Anzuchtsboxen an einem Fensterbrett. Ich habe sogar einen selbstgezogenen Hochstamm der vorzüglichen, sehr vitalen 'Kempenaar' im Werden. Ganz bewusst verzichte ich hier auf Sortenbeschreibungen, weil ich Sie gerne dazu bringen möchte, sich auf der Website von Rosi Friedl (oder anderen Fuchsiengärtnern) umzuschauen.

Mein freimütig erklärtes Ziel ist es nämlich, Sie dazu zu bewegen, die etwas verborgene, aber noch vorhandene, faszinierend reiche Fuchsienwelt zu entdecken und sich durch eigene Vermehrung unabhängig von dem derzeitigen Fuchsien-Einerlei zu machen. ☙

KURZES PFLANZENPORTRÄT:

- *bedingt oder nicht winterharter Halbstrauch bis Strauch*
- *kann gut mehrjährig kultiviert werden*
- *Wuchsformen stehend bis hängend*
- *Trieblängen zwischen 20 und etwa 120 cm*
- *Laub eiförmig, gegenständig, glattrandig oder fein gesägt*
- *an Triebspitzen Blüten einzeln oder in Büscheln, meist hängend in den Blattachseln*
- *Blüten vierzählig und charakteristisch unterteilt in Tubus (Ansatz am Stiel), Sepalen (meist vier abgespreizte oder zurückgeschlagene Blütenblätter) und Korolle (meist glockenförmig angeordnete Blütenblätter) in den Farben Rot, Violett, Weiß und Rosa in sehr vielen Kombinationen und Ausprägungen*
- *Blütezeit etwa ab Frühsommer bis Spätherbst*

STANDORT:

- *am besten halbschattig*
- *keine brütende Hitze*
- *Boden/Substrat locker, humos*

PFLEGEGRUNDSÄTZE:

- *winterharte Arten/Sorten im Freiland spätestens im November zurückschneiden und mit Laub oder Vlies gut abdecken*
- *im Haus möglichst kühl um 10 °C überwinterte Pflanzen ab Februar zurückschneiden, hell und bei moderaten Zimmertemperaturen aufstellen*
- *Fuchsien lassen sich auch im Herbst entlauben und dann dunkel etwa in einer frostfreien Garage überwintern*
- *dunkel überwinterte, frostempfindliche Sorten erst bei Temperaturen über etwa 4 °C langsam bei Licht an Freilandbedingungen gewöhnen – zur Not bei Spätfrösten wieder ein paar Tage dunkel stellen oder mit Vlies abdecken*
- *bei Freilandfuchsien Winterschutz erst Anfang Mai entfernen*
- *Pflanzen dürfen nicht austrocknen – im Winter auch kontrollieren und bei Bedarf mäßig gießen*
- *bei Hitze abends besprühen und falls nötig vor Mittagssonne durch Schattieren schützen*
- *mit Flüssigdünger von Mai bis September wöchentlich düngen*

VERWENDUNG:

- *Sommersaisonpflanze für Rabatten und Gefäße*
- *ungewöhnliche, schöne Schnittblume für Gestecke*

Tulipifera virginiana tripartito Aceris folio anthera filamentosa.

DER TULPENBAUM

DER TULPENBAUM

*imposant, detailschön
und golddurchtränkt*

NAME:
Tulpenbaum

BOTANISCHER NAME:
Liriodendron tulipifera

BOTANISCHE FAMILIE:
Magnoliengewächse (Magnoliaceae)

BEHEIMATET IN:
Nordamerika, Ostküste bis etwa Mitte des Kontinents

IN EUROPA EINGEFÜHRT:
Mitte 17. Jahrhundert, sicher vor 1688

M it dieser Pflanze begegnen wir zwei echten Granden der Pflanzenentdecker-Riege: dem in England lebenden John Tradescant dem Älteren (1570–1638) und seinem Sohn John Tradescant dem Jüngeren (1608–1662). Wie die Daten verraten, gehören diese beiden Herren zu den Pionieren der Pflanzeneinfuhr in Europa. Zwar ist der erste Schub »neuer« Pflanzen von dem von Europäern neu entdeckten amerikanischen Doppelkontinent verständlicherweise in Spanien und Portugal angekommen, doch die Briten traten etwa ab 1600 auf den Plan und gründeten Kolonien zunächst vorwiegend in Nordamerika. Etwa in dieser Zeit beschleunigte sich die Entwicklung der europäischen Gartenkultur, und botanische Gärten wurden zu ersten Umschlagplätzen unbekannter Pflanzenarten. Die ersten kommerziellen Gartenbetriebe wurden im Zuge dessen gegründet. Genau das hat Papa Tradescant – neben vielen diplomatischen Tätigkeiten – auch getan, und zwar südwestlich der City of London. Seine Nähe zur Krone eröffnete ihm den Posten des Aufsehers über die königlichen Gärten und viele weitere Möglichkeiten, und sein Sohn führte sein Werk fort. Allerdings stockte der reibungslose Aufbau der Firma etwas, als der britische Bürgerkrieg in zwei Wellen tobte und Königsfreunde suspekt waren. Vater Tradescant hatte das nur in Anfängen erlebt; der Sohn reiste mehrfach nach Amerika und sah sich dort, abseits von den Wirren in der Heimat, nach neuen Pflanzen um. Als Trandescant junior von seiner letzten Reise nach Hause kam, etablierte sich nach und nach wieder eine Monarchie in Großbritannien, doch sein Vater war bereits einige Jahre tot und erlebte die Ankunft der rund 200 neuen Pflanzenarten nicht mehr.

Viel Sehenswertes war im Gepäck, etwa diverse Akeleien, der Perückenstrauch oder eine für die Kreuzung robuster Stadtbäume wichtige Platanenart. Der Tulpenbaum war jedoch gewiss die aufregendste Neuheit. In seiner Heimat wurde *Liriodendron*-Holz wegen seiner Rissfestigkeit und der hellen, beige-goldschimmernden Farbe vielfältig im Innenausbau sowie für Möbel und sogar Bleistifte verwendet. Außerdem wurzeln die Bäume tief und widerstehen selbst heftigen Stürmen; sie sind also verlässlich als Windschutz. Das Verführerische für gärtnerische Verwendungen sind aber die im Frühsommer erscheinenden tulpenartigen orangegelben Blüten. In jener Zeit war die Tulpe noch immer eine exotische Blume vermögender Zeitgenossen – und ein 20 bis 30 Meter hoher Baum voll dieser Blüten muss den Menschen den Atem geraubt haben. Zuerst wurde *Liriodendron* in Gewächshäusern gehalten; vermutlich begann man damit etwa 1663 – doch so recht gediehen die Bäume nicht. Man pflanzte *Liriodendron* testweise aus und siehe da: Der erste »Freigänger« blühte 1688 in Fulham, einem mittlerweile zu London gehörenden Bezirk etwa bei Kensington und Chelsea. Da *Liriodendron* nicht vor einem Alter von etwa zwölf bis fünfzehn Jahren blüht, muss er entsprechend vorher dort in Sichtweite der Gärtnerei gepflanzt worden sein. Wenn der Tulpenbaum mal nicht blühte, konnte man sich dort auch unweit der Gärtnerei ein Kuriositätenkabinett anschauen, das Tradescant senior begründete und von Tradescant junior ausgebaut wurde. Es beinhaltete etwa einen ausgestopften Dodo, Fossilien oder einen Umhang, der dem Vater von Pocahontas gehört haben soll. Diese Ausstellung gilt als das erste öffentliche Museum Englands; der Eintritt kostete sechs Pennys – das entspricht etwa der damaligen Kaufkraft für sechs Brote.

Der Tulpenbaum erwies sich als winterhart und robust und wuchs auf gutem Boden zuverlässig heran. Das sprach sich herum und er wurde auf dem Kontinent stetig populärer, allerdings grundsätzlich in Parks, denn vorgartengeeignet ist dieser Baum sicher nicht. Doch noch immer ist er eine besondere

Erscheinung und nicht an jeder Verkehrsinsel zu finden. Sie erkennen ihn, wenn er mal nicht blüht, an dem großen Laub, das wie ein überdimensionales Ahornblatt aussieht, dem man die Spitze ausgeschnitten hat. Das Herbstlaub färbt sich strohgelb und der Baum steht kurz vor der Winterruhe ein zweites Mal im Zentrum der Aufmerksamkeit. ‿ↄ

KURZES PFLANZENPORTRÄT:

- *winterhartes Gehölz*
- *meist einstämmiger, bis 35 Meter hoher Baum*
- *bildet tiefes »Herzwurzelwerk«*
- *vierfach, spitz zulaufend gelappte, große Blätter*
- *knapp 10 Zentimeter im Durchmesser große, becher- bis glockenförmige, gelborange Blüten*
- *goldgelbe Laubfärbung im Herbst*

STANDORT:

- *sonnig bis halbschattig*
- *Boden/Substrat durchlässig, nährstoffreich und tiefgründig*

PFLEGEGRUNDSÄTZE:

- *keine besondere Pflege am passenden Standort erforderlich*

VERWENDUNG:

- *Großgehölz in Parks, sehr großen Gärten oder öffentlichem Grün*
- *Blickfang in Anlagen*
- *Nutzung des Holzes ist möglich*
- *ergiebige Nektarquelle für Bienen im Früh- und Hochsommer*
- *vorzüglich geeignet, um Bodenerosion zu verhindern*

DER TULPENBAUM

DIE BAUERN-HORTENSIE

prächtig, überraschend und farbstark

NAME:
Bauern-Hortensie, Garten-Hortensie

BOTANISCHER NAME:
Hydrangea macrophylla

BOTANISCHE FAMILIE:
Hortensiengewächse (Hydrangeaceae)

BEHEIMATET IN:
Japan

IN EUROPA EINGEFÜHRT:
*1790, europäische Gartenformen wurden von England
aus entwickelt*

Mit den Hortensien ist das so eine Sache, ihnen auf ihre historischen Spuren zu kommen. Zuerst wurden diese Pflanzen 1784 von Carl Peter Thunberg (1743–1828) identifiziert, wenn er auch zunächst die Hortensie der Gattung der Schneebälle mit dem Namen *Viburnum* zuordnete. Die ersten Pflanzen aus Japan erreichten London sechs Jahre später. Wesentlich früher kam ein gewisser Herr Philibert Commerson ins Spiel. Dieser französische Botaniker lebte von 1727 bis 1773 und hatte wohl schon andere Arten der Gattung *Hydrangea* kennengelernt. Er nannte diese

HYDRANGEA Otaksa.

Tab. 32

DIE BAUERN-HORTENSIE

Pflanze »Hortensie«. Noch heute wird gerätselt, ob eine Frau namens Hortense die Patin war, denn Commerson kannte (mindestens) drei Damen dieses Namens: die Adelige Hortense de Nassau, die Astronomin Nicole Rein Lepaute, die den Spitznamen »Hortense« hatte, und Hortense Barré. Diese verkleidete sich als Mann, begleitete Commerson auf einer langen Expidition und war möglicherweise seine Geliebte. Zu dumm, dass sie eigentlich Jeanne hieß ...

Eigentlich ist es unverfänglicher anzunehmen, dass sich der Pflanzenname »Hortensie« von der Grundbedeutung des lateinischen Wortes »hortus« für »Garten« herleitet, aber das wäre ja nur halb so glamourös. Geradzu profan lässt sich der botanische Name »Hydrangea« entschlüsseln: Das bedeutet so viel wie »Wasser-Krug« und spielt auf den hohen Wasserbedarf der Pflanzen an; »macrophylla« kann als »großlaubig« übersetzt werden.

Wer bei den Daten aufmerksam mitgelesen hat, wird merken, dass der deutsche Name der Hortensie eher gefunden wurde als unsere Bauern-Hortensie eingeführt worden ist. Commerson hatte wohl amerikanische Arten dieser Gattung im Blick, als er den Namen vergab. Und auch wenn die Bauern-Hortensie schon Ende des 18. Jahrhunderts in Europa landete, war sie vorerst nicht sehr verbreitet. Erst als der Japan-Forscher Philip Franz von Siebold (1796–1866) von seiner zweiten Reise ins Land des Lächelns – sein Status als »persona non grata« dort war aufgehoben – 1861 nach Europa zurückkehrte, hatte er eine Hortensie im Gepäck, die er *Hydrangea otaksa* nannte – das war der Kosename seiner japanischen Geliebten von seiner ersten Reise, die jedoch mit der gemeinsamen Tochter das Land nicht verlassen durfte. Schnell wurde allerdings der Sieboldsche botanische Namen fallen gelassen und die Pflanze als *Hydrangea macrophylla* identifiziert. Die gefundene Hortensie hatte besonders große blaue Blütenstände – das kurbelte die Aufmerksamkeit für die Art allgemein an. Bald fand man heraus, dass die blaue Farbe instabil ist und sich nur bei einer sauren Reaktion der Bodenflüssigkeit zeigt; der pH-Wert sollte um 5 liegen. Je mehr er zum Neutralpunkt 7 tendiert, umso stärker setzt sich ein rosarötlicher Farbton durch. Weiß blühende Bauern-Hortensien zeigen sich farblich unbeeindruckt von der Bodenreaktion.

Dass die »Blütenblätter« der Hortensienbälle keine echten Blütenblätter sind, hat sich sicher bereits allgemein herumgesprochen. Es handelt sich um farbige Hochblätter, die sich um die winzigen eigentlichen Blüten gruppiert haben, die allerdings steril sind. Ihre einzige Funktion ist es, Bestäuber anzulocken, die bei der Wildart in der Mitte des eher flachen Blütenstandes fertile Blüten finden und das Gegengeschäft Bestäubungsleistung für Bezahlung durch Nahrung eingehen können. Bei der 'Otaksa' und sämtlichen Gartenformen mit ballförmigen Blüten gibt es nur Show und kein Bienenrestaurant. Der Zierwert der Hortensienblütenstände bleibt zwar dadurch lange erhalten, doch es ist eine kalte Pracht. Vielleicht gerieten Hortensien auch deswegen eine Zeit lang zum Symbol etwa für Arroganz, Herzenskälte oder Altjüngferlichkeit. Doch das sind Fußnoten, denn Ball-Hortensien gehören längst zu den beliebtesten Topf- und Gartenpflanzen überhaupt – die hilfsbedürftigen Insekten gehen allerdings leer bei ihnen aus. Wer den Kerbtieren aus ihrer Not heraushelfen möchte, setzt entweder Stauden wie Prachtkerzen (*Gaura lindheimeri*) oder Patagonisches

Eisenkraut (*Verbena bonariensis*) hekatombenweise ins Hortensienbeet – oder entscheidet sich für Sorten der Teller-Hortensie von *Hydrangea macrophylla*, die keinen Deut weniger hübsch aussehen. Die haben nämlich mittig fertile Blüten, meist mit einem Lockvogel-Kranz drumherum wie die Wildart.

Bauern-Hortensien müssen also nicht auf der Vermeidungsliste der naturbewussten Gärtnernden landen. ✍

KURZES PFLANZENPORTRÄT:

- *vieltriebiger, laubabwerfender Halbstrauch bis Gehölz*
- *ohne Schnitt etwa bis mannshoch*
- *elliptisches, spitz zulaufendes, am Rand gesägtes, festes, großes Laub*
- *an Triebspitzen flache Schirmrispen bis ballförmige Trugdolden aus kleinen fertilen Blüten, die entweder von auffälligen sterilen »Hochblattblüten« insgesamt oder jeweils einzeln von Hochblättern umrahmt sind*
- *Blütezeit ab Juni, einige Sorten remontieren*
- *Zierwert sind die sehr haltbaren Hochblätter in Weiß, Rosa, Purpur oder Blau, die einen Farbwechsel haben und/oder malerisch vergrünen*

STANDORT:

- *halbschattig*
- *Boden/Substrat kalkfrei, locker, fruchtbar*
- *möglichst geschützt vor allem vor harten Frösten*

PFLEGEGRUNDSÄTZE:

- *nur erfrorene Triebe im Frühling ausschneiden*
- *im Frühling möglichst die Pflanze in Ruhe lassen*
- *Pflanzen nie austrocknen lassen*
- *düngen nicht vergessen*
- *Schnitt zur Formkorrektur direkt nach der Blüte vornehmen – verblassende Hochblattdolden dabei abschneiden*
- *bei wiederholt blühenden Sorten Verblühtes entfernen zur Förderung der Nachblüte*
- *im Winter empfindliche Sorten schon bei leichten Frösten gut abdecken*
- *zur Blaufärbung rosa blühender Sorten mit Kali-Alaun oder ähnlichen Düngern versorgen*

VERWENDUNG:

- *Solitär-, Gruppen- und Heckengehölz*
- *Kübelpflanze*
- *Schnittblume*
- *Trockenblume*

Tab. 28.

ROSA rugosa.

DIE KARTOFFEL-ROSE

DIE KARTOFFEL-ROSE

robust, farbintensiv und gesund

NAME:
Kartoffel-Rose, Rugosa-Rose, Sylter-Rose

BOTANISCHER NAME:
Rosa rugosa

BOTANISCHE FAMILIE:
Rosengewächse (Rosaceae)

BEHEIMATET IN:
ostasiatischer Kontinent von Korea bis nach Ostrussland,
Japan

IN EUROPA EINGEFÜHRT:
1791 kamen erste Pflanzen nach England

Wer denkt, dass aus so gartenkultivierten Ländern wie China und Japan nur feine, zierliche, ästhetisch überhöhte Pflanzen nach Europa eingeführt wurden, sitzt einem Vorurteil auf. Die am rustikalsten wirkende Rosenart stammt auch aus ostasiatischen Gefilden. Ihr Artepitheton (sprich Art-Epitheton, das ist der zweite, klein geschriebene Name, der dem botanischen Gattungsnamen folgt; er benennt die konkrete Art) lautet *rugosa* und das bedeutet aus dem Lateinischen übersetzt so viel wie »faltig« oder »runzlig«. Das Laub ist wirklich so beschaffen und lässt sich leicht von dem anderer Rosenarten unterscheiden. Es erinnert an Kartoffellaub, und die schöne Rose erhielt so ihren deutschen Namen. Völlig gegensätzlich muten aber die Blüten an: Zartere, seidigere Blütenblätter finden sich im Reich der Rosen sicher nicht.

In ihren Herkunftsländern war *Rosa rugosa* schon rund 1000 Jahre in Kultur und mit Sicherheit haben schon die asiatischen Völker den sehr guten Duft dieser Rosen für diverse Zwecke genutzt. Einige halb oder vollständig gefüllte Sorten duften betörend und klar nach Rose, wenn auch nicht ganz so schwer wie europäische Damaszener-Rosen. Wer Rosenblütenblätter für die süße Küche verwenden möchte, sollte nach solchen Ausschau halten, die von *Rosa rugosa* stammen – diese sind so fein und dünn, dass sie beim Verzehren etwa in Konfitüren nicht unangenehm auffallen.

Sehr interessant ist, dass, obwohl diese Rosen in Europa zuerst England erreichten, die frühesten nennenswerten Züchtungen in Frankreich vorgenommen wurden. Die Vermutung liegt nahe, dass die rosenbegeisterte Kaiserin Joséphine, erste Gattin Napoleon Bonapartes, die englische Seeblockade umgehend, Kartoffel-Rosen-Pflanzen für ihren legendären Garten am Schloss Malmaison ergattern konnte. Die Tatsache, dass der ebenso legendäre Maler Pierre-Joseph Redouté (1759–1840) diese Rosenart in seinem Werk »Les Roses« veröffentlichte, ist ein sehr starkes Indiz dafür, denn er verewigte Joséphines gesamte, beträchtliche Rosensammlung. Er benannte das Blatt mit »Rosa kamptschatica«, aber die dargestellte Blume lässt keine Zweifel zu, dass es sich um *Rosa rugosa* handelt. Allerdings dauerte es noch zwei Generationen lang, bis »die Rugosa« als eigene Rosenklasse mit diversen Züchtungen ausgebaut wurde.

In Deutschland wurde *Rosa rugosa* erst im 20. Jahrhundert populär. Man bekam heraus, dass diese Pflanzen überaus robust, zäh und winterhart sind, auf leichten Sandböden gut gedeihen und extrem tolerant gegen hohe Salzgehalte im Boden sind. In Küstennähe und auf Inseln war das ein echtes Plus. Diese Rosen verbreiteten sich durch den reichlich angesetzten Samen ebenso wie durch Wurzelausläufer. 1920 etwa gelangte die Kartoffel-Rose nach Sylt. Dort prägte sie mit den Jahren dermaßen das Landschaftsbild, dass es zu einem neuen inoffiziellen Namen für sie kam: »Sylter Rose«.

Auch wenn *Rosa rugosa* durchaus eine wertvolle Pflanze ist – sie ernährt Hummeln, befestigt leichte Böden und sogar Dünen, liefert große Hagebutten für Mensch und Tier und ist immer adrett – muss man diese invasive Verbreitung kritisch sehen. Nicht, weil sie untauglich ist als Wildpflanze, sondern weil sie »übertauglich« ist: Sie verdrängt heimische Arten so sehr, dass die ökologisch so wichtige Artenvielfalt schwindet.

Ernten Sie daher die schönen Hagebutten ihrer Rugosas rechtzeitig ab, ehe Vögel sie sich schnappen und den Samen weiträumig verteilen. Rugosa-Hagebutten sind – bitte ohne Kerne und Härchen in den Früchten – äußerst ergiebig für das gesunde, köstliche Hägenmark (Hagebuttenmark). ❧

DIE KARTOFFEL-ROSE

KURZES PFLANZENPORTRÄT:

* *vieltriebiges, buschiges, stark bestacheltes bis beborstetes Gehölz*
* *ohne Schnitt etwa mannshoch*
* *satt grünes, runzliges, meist fünf- bis siebenfach gefiedertes Laub*
* *an Triebspitzen meist in kleinen Gruppen stehende, große, weiß bis pink-farbene Schalenblüten, Gartenformen auch zarter rosa, tief purpurn oder gelblich; es gibt auch halb bis voll gefüllte Sorten*
* *Blütezeit ab Mai, mit Unterbrechungen bis zum Frost*
* *Zierwert sind die Blüten, die großen, tomatenroten Hagebutten, sowie die gelbe Laubfärbung im Herbst*

STANDORT:

* *sonnig bis halbschattig*
* *Boden/Substrat kalkfrei, locker, kann auch sandig oder in Maßen salzhaltig sein*

PFLEGEGRUNDSÄTZE:

* *etwas mehr als bei anderen Rosen auf Eisenversorgung achten; Unter-versorgung tritt bei eher kalkhaltigen Böden auf und zeigt sich in einer Gelbfärbung der Blätter während der Vegetationszeit*
* *scharfer Rückschnitt im Erstfrühling hält die Pflanzen sehr kompakt*
* *moderater Rückschnitt lässt brust- bis mannshohe Hecken aufbauen*
* *Entfernen von Verblühtem fördert Nachblüte*
* *Belassen von Verblühtem lässt bei der Art und ihren (meist) fruchtansetzen-den Sorten Hagebutten reifen*

VERWENDUNG:

* *gutes Hecken- und Böschungsgehölz für viele Böden*
* *nicht veredelte Pflanzen festigen Hänge*
* *duftende Sorten liefern Rosenaromen für Tees und Kosmetik*
* *fruchtende Sorten liefern Hagebutten zur weiteren Verarbeitung*

DIE MAGNOLIE
archaisch, kostbar und überwältigend

NAME:
Tulpen-Magnolie, Magnolie

BOTANISCHER NAME:
Magnolia × soulangeana

BOTANISCHE FAMILIE:
Magnoliengewächse (Magnoliaceae)

BEHEIMATET IN:
*Ausgangsarten Magnolia denudata und Magnolia liliiflora
in China*

IN EUROPA EINGEFÜHRT:
Ausgangsarten vor 1820 in Frankreich

M agnolien, genauer gesagt Magnoliengewächse, sind nicht irgendwelche Pflanzen. Sie gehören erdgeschichtlich gesehen zu den ältesten bedecktsamigen Blütenpflanzen überhaupt und es gab sie bereits in der Kreidezeit, wo sonst nacktsamige Nadelgehölze, Farngewächse und Schachtelhalme das florale Geschehen der Wälder dominierten. Man geht davon aus, dass die ersten Magnolien vor 145 Millionen Jahren blühten und sozusagen als Rahmendekoration zu Szenarien mit den großen Sauriern dienten. Flugfähige Insekten, die Blüten zur Bestäubung anvisieren konnten, gab es damals noch nicht – doch als Bestäuber stellten sich kleine Käfer ein, die reich mit Pollen belohnt wurden und werden. Käferblumen wie

Magnolia Soulangiana

P. J. Redouté

Langlois

Magnolien sind etwa für Bienen uninteressant, weil sie kaum an den Pollen herankommen; sie sind zu groß dafür. Europäische Wildarten von Magnolien gibt es nicht, wenngleich diese Pflanzengattung rund 250 Arten aufweist. Schwerpunkte ihrer Verbreitung sind Ostasien und die Südstaaten der USA.

Es dauerte bis zum 18. Jahrhundert, bis die ersten Magnolienarten aus Asien bei uns eintrafen – und um diese Herkunftsgruppe geht es hier, denn die Ahnen unserer populärsten Magnolie in Gärten und Parks, der *Magnolia × soulangeana*, stammen von diesem Kontinent. Sie entsprang einer Kreuzung der Yulan-Magnolie, *Magnolia denudata*, und der Purpur-Magnolie, *Magnolia liliiflora*.

Beide Arten wurden bereits von Engelbert Kaempfer (1651–1716) beschrieben. Seit seiner Schulzeit bereiste er Wissenszentren und seine Wege führten ab 1688 mit etlichen Zwischenstationen nach Japan. Kaempfers Forschungsberichte gingen weit über Botanisches hinaus und lieferten bedeutende Kenntnisse für viele, die nach ihm Asien bereisten. Das Herbarium, das er angelegt hatte, und seine Schrift »Flora Japonica« beschrieben schon die beiden Magnolienarten, die unsere Tulpen-Magnolie hervorbrachten.

Doch in Europa wuchs noch keine von beiden. In chinesischen Gärten hingegen schon. Sie waren ihrer Pracht und ihres Duftes wegen hochgeschätzt, und die weiß blühende *Magnolia denudata* galt sogar als Sinnbild für Reinheit. Beide Arten wurden in Palast- und Tempelanlagen gepflanzt sowie vielfach auf Porzellan oder Papier abgebildet. *Magnolia liliiflora* blüht pupurfarben; die sehr dunkle Selektion 'Nigra' sieht man heute noch immer weltweit in vielen Gärten. Diese beiden Arten müssen in Ostasien schon lange in Kultur gewesen sein, denn Wildformen fanden sich schon im 18. Jahrhundert nicht mehr. Aus chinesischen Gärten kamen sie übrigens auch etwa im 7. Jahrhundert nach Japan, wo Herr Kaempfer später auf sie aufmerksam wurde. Da Magnolien Kaisern vorbehalten waren, die sie gelegentlich als Gunstbeweis verschenkten, dürften sie über hochadelige Kreise nach Europa gekommen sein. Für *Magnolia liliiflora* ist jedenfalls belegt, dass der Herzog von Portland sie 1790 in England einführte – er war der dortige Premierminister.

Wann und wo genau die erste Yulan-Magnolie Europa erreichte, ist unklar. Da sie aber vor 1820 in Frankreich bekannt gewesen sein muss, könnte es sein, dass die pflanzenliebende Joséphine Beauharnais, Gattin des französischen Kaisers Napoleon I., auf dem »Kaiserwege« Anfang des 19. Jahrhunderts ein Exemplar verehrt bekam. Sicher ist, dass sie die edlen Baum-Päonien (auch eine »Kaiserblume« Chinas) vom chinesischen Kaiser geschenkt bekam – vielleicht war auch eine Magnolie im Päckchen ...

Das ist freilich nur eine Vermutung, doch ein gewisser Étienne Soulange-Bodin (1774–1846) stand im Dienste der Kaiserin Joséphine und betreute ihren legendären Garten mit der riesigen, kostbaren Pflanzensammlung beim Schloss Malmaison. Dieser fähige und einflussreiche Gärtner kreuzte die Yulan-Magnolie mit der Purpur-Magnolie und stellte 1820 diesen Hybrid als *Magnolia × soulangeana* vor.

Diese Tulpen-Magnolie bewährte sich in Europa und galt bald als Must-have für ambitionierte Pflanzenfreunde oder auch nur geltungsbewusste Neureiche, denn Magnolien gehörten lange zu den kostspieligsten Gartengehölzen überhaupt. Wenn Sie einen alten Garten mit einer riesigen Magnolie irgendwo betreten, können Sie sicher sein, dass der Besitzer zur Zeit der Pflanzung keine Not leiden musste. Magnolien wachsen langsam und können nur mit gutem Fachwissen vermehrt werden. Aber immerhin sind sie heute so erschwinglich, dass sich niemand einen Magnolientraum verkneifen muss.

Und wenn Sie von dem duftenden Blütenrausch nicht genug bekommen, kosten Sie mal eine. Sie schmecken delikat. Auf den Geschmack gekommen, lässt sich das Aroma auch in Essig oder Öl konservieren. Das ist keine Idee von hippen Küchenstars. Die Liebe zu Magnolien ging auch schon an den chinesischen und japanischen Kaiserhöfen durch den Magen. ✄

DIE MAGNOLIE

KURZES PFLANZENPORTRÄT:

- *winterhartes Großgehölz*
- *mehrstämmig, tief ansetzend*
- *breit ausladend, knapp 10 Meter*
- *blüht am letztjährigen Holz im Erstfrühling*
- *eiförmiges, glattes Laub, der Laubaustrieb erfolgt nach der Blüte*
- *bis etwa 25 cm große, kelchartige Blüten; weiß bis rosa, einige Sorten purpurrot oder zweifarbig, einige Sorten zartgelb*
- *blüht vereinzelt im Sommer nach*

STANDORT:

- *sonnig*
- *Boden fruchtbar, nährstoffreich, durchlässig*

PFLEGEGRUNDSÄTZE:

- *vor Pflanzung Boden gut lockern und mit Nährstoffen anreichern*
- *alle zwei Jahre etwas Gesteinsmehl und Kompost geben*
- *möglichst nicht schneiden*
- *die frühe Blüte ist spätfrostgefährdet – am besten geschützt pflanzen*

VERWENDUNG:

- *spektakulär früh blühendes Gartengehölz*
- *vorzüglicher Solitär*

Begonia pedunculosa

DIE EIS-BEGONIE

DIE
EIS-BEGONIE

*unaufdringlich, genügsam
und nimmermüde*

NAME:
Eis-Begonie; Semperflorens-Begonie, Immerblühende Begonie

BOTANISCHER NAME:
Begonia-semperflorens-Hybriden

BOTANISCHE FAMILIE:
Schiefblattgewächse (Begoniaceae)

BEHEIMATET IN:
Bolivien, Brasilien, im Norden Argentiniens

IN EUROPA EINGEFÜHRT:
etwa 1821 in Deutschland, etwa sieben Jahre später in England

---

Mögen Sie »Oma-Blumen«?
Also Blumen, die als altmodisch gelten und
denen nachgesagt wird, völlig langweilig zu
sein. So langweilig, dass niemand, der sich selbst
das Etikett »innovativ«, »hipp« oder »influencing«
gibt, sich mit dieser Pflanze auf einem Bild bei
Instagram, TikTok oder sonstwo öffentlich zeigen
würde?

Falls nein, können Sie jetzt gerne die folgenden
vier Buchseiten überblättern.

Falls Sie neugierig geworden sind, lade ich Sie zum Weiterlesen ein. Denn ich mag viele Oma-Blumen sehr – schließlich ist keine Oma automatisch mit einem schlechten Geschmack geschlagen und die allermeisten, die ich seit meiner Kindheit kennengelernt habe, sind ziemlich gewitzt. Abgesehen davon bin ich selbst nun im Opa-Alter.

Wenden wir uns also mal den Eis-Begonien zu. Woher dieser deutsche Name stammt, ist mir schleierhaft, denn sie wirken weder frostig noch vertragen sie Minustemperaturen. Allgemein wird angenommen, dass der Name auf die brüchigen Blätter dieser von Botanikern »Begonia-Semperflorens-Hybriden« genannten Pflanzen Bezug nimmt. Hätte man sie nicht auch Porzellan-Begonien nennen können? Ich finde, das würde wunderbar zu den kleinen Blüten passen, die wie geschaffen dafür sind, als Streublümchenmuster auf Kaffeetassen zu blinken.

Einigen wir uns auf den ebenfalls gebräuchlichen Namen »Semperflorens-Begonien«, was recht treffend »immerblühende Begonien« bedeutet. Und wirklich: Kaum eine Sommersaisonpflanze blüht so dauerhaft und zäh wie diese. Wer sich nun in aktuellen Nachschlagewerken von botanischen Pflanzennamen auf die Suche nach der namengebenden Art macht, wird nicht fündig, denn die einst als *Begonia semperflorens* bezeichnete Art heißt jetzt fachlich korrekt *Begonia cucullata* var. *hookeri*. Die Gartenpflanzen sind durch Einkreuzen von *Begonia schmidtiana* entstanden. Sie bilden die gärtnerische Gruppe der Semperflorens-Begonien-Hybriden und zeichnen sich durch sehr niedrigen Wuchs aus. Leider sind sie durch ihre Verlässlichkeit auch für unbegabte Garten- und Kurparkbeete-Gestalter interessant und werden gelegentlich in unsäglich scheußlichen Beet-Arrangements als Farbträger eingesetzt ... und somit entwertet.

Damit wird man den hübschen Pflanzen absolut nicht gerecht. Erste Berichte einer Pflanze dieser Gattung erreichten bereits Mitte des 16. Jahrunderts Europa, genauer genommen Spanien. Doch es dauerte mehr als weitere 100 Jahre, bis Begonien bekannter wurden und ihren Namen bekamen. Charles Plumier (1646–1704), ein auch der Nachwelt bekannter Pflanzenexperte, unternahm von 1689 bis 1690 eine Reise zu den mittlerweile von Frankreich kolonisierten »westindischen« Inseln und brachte enorm viele neuartige Pflanzen mit – auch eine, die er Begonia taufte. So ehrte er seinen Sponsor Michel Bégon, einen ehemaligen Gouverneur von Haiti. Die genannten südamerikanischen Arten für die Entwicklung der Semperflorens-Begonien wurden noch später in Europa eingeführt und entstammten der Sammlung eines preußischen Hofgärtners, der um die Wende zum 19. Jahrhundert wirkte. Es dauerte dann noch ungefähr weitere 200 Jahre, bis in Deutschland und Großbritannien die bekannte Vielfalt an Blüten- und Blattfarben erreicht war. Immerhin haben sich deutsche und britische Gärtner im frühen 19. Jahrhundert sehr viel Mühe gemacht, dem einfach nur rosa blühenden Begonien-Findling eine Vielfalt an Blütenfarben zu entlocken. Doch mit weißen, roten oder gemusterten Blütchen war es nicht getan. Man entdeckte auch, dass das Laub unterschiedliche Farben ausprägen kann. Dunkelrote, fast schwarze Blätter beispielsweise machen aus dem romantisch wirkenden Blümchen sogar eine mysteriös-aufregende Schönheit. Für Freilandbeete sind Semperflorens-Begonien beliebt; wenn Sie gefüllt blühende Sorten wählen, gewähren Sie diesen aber bitte ein Dach, denn die Blüten sind ziemlich regenanfällig. In Beeten habe ich Semperflorens-Begonien übrigens nie eingesetzt. Sie waren mir stets viel lieber als charmantes »Beiblümchen« in Kübeln – etwa zu Fuchsien.

Bei Begonien besteht übrigens eine akute Sammelsuchtgefahr. Dabei sind unsere Semperflorens-Begonien eher unverdächtig – doch vergessen wir nicht, dass auch sie von mindestens zwei Arten abstammen, die einer Pflanzenfamilie mit mehr als 1800 Arten angehören. Im 19. und frühen 20. Jahrhundert verging wohl kaum ein Jahr, in dem nicht unbekannte Begonienarten – fast alle aus Südamerika – in Europa eintrafen und Gärtner zum Züchten inspirierten. Viele Begonien-Arten lassen sich sehr gut miteinander kreuzen und es enstanden weitere gärtnerische Begonien-Gruppen, die je nach Mode hoch oder niedrig in der Gunst der Pflanzenfans stehen. Da wären – ebenfalls für das Freiland – die Knollen-Begonien mit sehr großen, oft gefüllten Blüten; sie halten sich recht wacker im Sortiment. Die als Zimmerpflanzen in den 1970er- bis 1990er-Jahren allgegenwärtigen Elatior-Begonien sind aber mittlerweile seltener zu finden. Bereits wieder in Mode sind Rex-Begonien, deren große Blätter wie abstrakte Kunstwerke aussehen und nicht selten drei, vier verschiedene Farben zeigen.

Ein gutes Beispiel für das Auf und Ab der Beliebtheit einer Pflanze ist definitiv eine weitere »Oma-Begonie«: die Corallina-Gruppe, auch Forellen-Begonie genannt. Diese bilden je nach Züchtung meterhohe (und höhere) Triebe, die man besser stützt, an denen wechselständig längliche, schiefe

Blätter ansetzen, die silbrig bis weiß gepunktet sind. Werden sie gut gepflegt, erscheinen auch reizende hängende Blütenstände in Rosa, Weiß oder Rot. Was habe ich mir in den 1990er- und 2000er-Jahren die Hacken schief gelaufen, solche Begonien aufzutreiben – in einem Spanienurlaub habe ich eine davon auf einem Wochenmarkt erstanden und per Handgepäck durch die Flugsicherung geschmuggelt. Und heute? Jetzt finde ich sie in jedem Baumarkt beispielsweise als »Polka-Dot-Begonie« und angesagte Pflanzenversender verbreiten sie als aufregende Neuheit.

Hier passt der alte Modespruch: »Es kommt alles wieder – irgendwann«.

Vielleicht wird unsere niedliche Semperflorens-Begonie einst auch wieder ein umschwärmter Star – warten wir es ab ... ⁓

DIE EIS-BEGONIE

KURZES PFLANZENPORTRÄT:

- nicht winterharte Staude
- wird meist einjährig kultiviert
- meist bis 30 cm hoch, wenige Sorten höher
- kompakter, aber verzweigter Wuchs
- Laub eiförmig, hell- bis dunkelgrün sowie dunkelrot
- an Triebspitzen Blüten in Büscheln
- spiegelsymmetrische vierzählige Blüten in Weiß, Rosa bis Signalrot
- Blütezeit ab Frühsommer

STANDORT:

- am besten halbschattig; sonnig oder schattig ebenfalls möglich
- Boden/Substrat locker, humos

PFLEGEGRUNDSÄTZE:

- im Januar, spätestens Februar im Haus aussäen
- Jungpflanzen dürfen erst nach den letzten Frösten ins Freie
- Pflanzen nicht vernässen, aber auch nicht austrocknen lassen
- mit halber Dosis Flüssigdünger alle 14 Tage düngen
- Pflanzen kann man versuchen frostfrei zu überwintern

VERWENDUNG:

- Sommersaisonpflanze für Rabatten und Gefäße

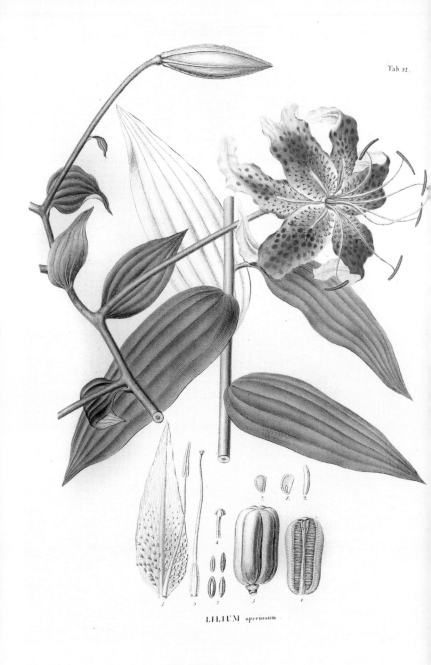

Tab. 12.

LILIUM speciosum

DIE PRACHT-LILIE

DIE
PRACHT-LILIE

exotisch, kapriziös und verewigt

NAME:
Pracht-Lilie

BOTANISCHER NAME:
Lilium speciosum

BOTANISCHE FAMILIE:
Liliengewächse (Liliaceae)

BEHEIMATET IN:
Japan

IN EUROPA EINGEFÜHRT:
1830 in die Niederlande

Wenn man sie nur ansieht, fühlt man sich in die kultiviertesten Gärten Asiens versetzt – und tatsächlich stammt die Pracht-Lilie aus Japan. Der deutsche Ethnologe und Naturforscher Philipp Franz von Siebold (1796–1866) brachte sie von seiner ersten Japanreise im Jahr 1830 mit vielen anderen Pflanzen-, Natur- und Kulturfunden nach Europa. Die Reise selbst hatte er im Auftrag der Niederländer gemacht, die ihre Kolonien in Ostasien näher erkunden wollten. Die japanischen Herrscher verfolgten in dieser Zeit aber einen strikten Abschottungskurs, und Siebold durfte nur ausdrücklich Genehmigtes aus dem Land der aufgehenden Sonne ausführen. Dennoch stellte er viele Funde zusammen, die er in vollem Bewusstsein schmuggeln wollte – unter anderem auch Pflanzen. Dummerweise kenterte sein beladenes Schiff kurz nach dem Ablegen vor der Küste und die Fracht musste geborgen werden. Dabei flog der Betrug Siebolds an den Japanern, die ihm eigenlich gewogen waren, auf. Es waren nämlich nicht nur unverfängliche Güter in seinem Gepäck, sondern auch etwa Landkarten, die in jener Epoche sehr viel wertvoller waren als Gold. So war es eher ein Akt der Gnade, dass Siebold aus Japan verbannt wurde und ausreisen durfte und keine schlimmeren Strafen bekam. Die Landkarten wurden konfisziert – die Pracht-Lilien und viele andere Pflanzen schafften es bis nach Europa.

Die Pracht-Lilie gab es schon in den japanischen Gärten in mehreren Selektionen, die in erster Linie farblich voneinander abwichen. Fast unwirklich, wie aus feinstem Porzellan gearbeitet, wirkt die reinweiße Spielart namens 'Album'. Die bekannteste ist aber bei weitem *Lilium speciosum* 'Rubrum', deren Rosaton sich nur am Rand der Blütenblätter weißlich aufhellt und zur Mitte hin in ein dunkles Purpur verdichtet.

Die Pracht-Lilie war jedoch deutlich sensibler als die bekannten europäischen Arten – und Kreuzungsversuche zwischen diesen beiden »Lilienkontinenten« brachten keine nennenswerten Resultate. Überhaupt ist es nicht einfach, in der großen Gattung der Lilien Arten miteinander zu kreuzen, die verwandtschaftlich weit auseinander liegen. So wurde die schöne »Rubrum«, wie der Lilienname mit der Zeit abgekürzt wurde, als Selektion der Art vermehrt und fand Eingang in die Gärten. Doch es war nie einfach, diese Lilie dauerhaft zu halten. Zum einen verträgt sie keinen Kalk im Boden; dann blüht sie erst im September oder Oktober und die Blüten leiden unter kaltem Regen. Und obendrein kämpfen viele Bestände mit Virusbefall, der entweder bereits durch das Pflanzgut, die Zwiebeln, selbst einge-schleppt wurde, oder von robusteren Lilien durch stechende und saugende Insekten auf die sensible Schönheit übertragen wurde. Vielleicht sind in ein paar Gärten die Bedingungen ideal für Pracht-Lilien – eine dauerhafte Anfängerpflanze ist sie meines Erachtens nach nur mit Glück.

Weit bekannter wurde die Pracht-Lilie als Schnittblume. Freilich war sie in der Kultur unter Glas auch nicht gerade ein Selbstläufer, doch pro-fessionelle Gärtner können die Bedingungen hier genau kontrollieren und setzen Pflanzenschutz-mittel ein, um die lange Kultur bis zur Blühfähigkeit abzusichern. Die »Rubrum«-Lilie war lange Jahre fast so teuer wie kostbare Orchideen, und wurde sie verschenkt, war das ein Ausdruck von Stil-bewusstsein und hoher Wertschätzung.

Mittlerweile ist sie nicht zuletzt wegen ihrer Empfindlichkeit aus der Mode gekommen. Doch das ist nur für Puristen ein Drama, denn die »Rubrum« hat eine berühmte Tochter!

Mit der sehr wuchsfreudigen, unkomplizier-ten, aus China stammenden Mandarin-Lilie, *Lilium henryi*, ging unsere Pracht-Lilie »Rubrum« eine Liason ein und siehe da, 1957 gab es Nachwuchs in Form der Sorte 'Black Beauty'. Sie hat von beiden Eltern nur das Beste geerbt: Die Eleganz und tiefe, noble Farbe der Pracht-Lilie und die unbändige, eiserne Vitalität sowie die Blühfreude der Mandarin-Lilie. Lange Jahre habe ich mich abgeplagt, einige der wunderbaren »Rubrums« in Beeten oder Töpfen zu etablieren, doch die majestätische 'Black Beauty' hat mich mehr als versöhnt mit den Misserfolgen. Wenn sie blüht, taucht vor meinem inneren Auge immer die Welt der Pracht-Lilie auf ... und die abenteuerlichen Umstände, unter denen sie Japan verlassen hat. ✍

KURZES PFLANZENPORTRÄT:

- *winterharte, mehrjährige Zwiebelpflanze*
- *zwischen 60 und ca. 150 Zentimeter*
- *pro Zwiebel gerader beblätterter Stiel mit Blütenstand an der Spitze*
- *zurückgeschlagene Blütenblätter (»Turbanform«) mit weit herausragenden Staubgefäßen und Griffel; weiß bis rosa, purpurn gepunktet und überlaufen*
- *Blütezeit Spätsommer oder Frühherbst*

STANDORT:

- *sonnig bis halbschattig*
- *Gefäßkultur möglich*
- *Boden/Substrat locker, nährstoffreich und eher sauer*
- *windgeschützter Standort mit möglichst ausgeglichenen Temperaturen*

PFLEGEGRUNDSÄTZE:

- *Pflanzung ruhender Zwiebeln im Spätherbst oder zeitigen Frühjahr*
- *Austrieb vor eventuellen Frösten und Schnecken schützen*
- *Pflanzen nicht austrocknen lassen*
- *Lilienhähnchen (Käfer und Maden) bekämpfen*
- *im Hochsommer organisch düngen*
- *auf Symptome von Virosen achten; vorsichtshalber nicht zu anderen Lilien setzen*
- *hohe, eingewachsene Pflanzen mit Stäben unterstützen*

VERWENDUNG:

- *in Beeten und Gefäßen*
- *Schnittblume*

DIE
KÖNIGS-LILIE

vital, eindrucksvoll und universell

NAME:
Königs-Lilie

BOTANISCHER NAME:
Lilium regale

BOTANISCHE FAMILIE:
Liliengewächse (Liliaceae)

BEHEIMATET IN:
China

IN EUROPA EINGEFÜHRT:
1910 in England

Die Geschichte, wie die Königs-Lilien nach Europa gelangten, ist sehr gut dokumentiert. Sie beinhaltet alle Facetten, die sich bei den Expeditionen von Pflanzenjägern auftun können: Begeisterung, Kenntnis, Ausdauer, Skrupellosigkeit, kolonialistische Verhältnisse, Lebensgefahr und einen Triumph mit Schattenseiten.

Der Protagonist unserer Geschichte ist Ernest Henry Wilson (1876–1930). Im Südwesten Englands geboren, absolvierte er eine Gärtnerlehre und erwies sich als so begabt, dass er nach Gesellenjahren ein Diplom in den renommierten Kew Gardens, London,

DIE KÖNIGS-LILIE

erwarb. Die berühmte britische Groß- und Handels-
gärtnerei Veitch & Sons wurde auf das junge Garten-
talent aufmerksam. Veitch & Sons schickte zu dieser
Zeit viele Pflanzenjäger in die Welt, denn das
Geschäft mit neuen Pflanzen, die in europäische
Länder eingeführt wurden, war eine Goldgrube. Der
Ehrgeiz bestand darin, stets als Erster unbekannte
Exoten einzuführen. Veitch & Sons war in dieser Hin-
sicht äußerst erfolgreich und scheute keine Investi-
tionen bei ertragverheißenden Unternehmungen.

China galt um die Wende zum 20. Jahrhundert
und einige Jahre danach als ideales Ziel: Nach einem
verlorenen Krieg gegen eine zufällig entstandene,
informelle Allianz, die aus den USA, Russland,
Italien, Österreich-Ungarn, dem Deutschen Reich,
Japan und selbstverständlich auch England bestand,
hatten diese Mächte das Land unter Kontrolle und
sicherten ihre Handelsfirmen und -wege.

So war auch für Pflanzesammler der Weg frei
und wurde genutzt – Ernest Wilson brach 23-jährig zu
seiner ersten Reise im Auftrag der berühmten Firma
»Veitch Nursery« gen China auf. Rückschläge und
Enttäuschungen inbegriffen, erfüllte er die Erwartun-
gen, als er 1902 wieder in England eintraf. Dort heira-
tete er seine Jugendliebe Helen (»Nellie«) Ganderton
und reiste 1903 ein zweites Mal – vertraglich gebun-
den – nach China. Dabei entdeckte er in einem ent-
legenen Tal blühende Königs-Lilien, hielt das aber
noch geheim, weil es Juli war und die Pflanzen noch
keinen Samen angesetzt hatten und die Zwiebeln
daher nicht ausgegraben werden konnten. Funde
gingen nämlich grundsätzlich platzsparend in Form
von Zwiebeln nach England, und Wilson hatte auch
ohne diese Lilien schon mehr als genug im Gepäck.

So musste eine dritte Reise unternommen werden, bei der Wilson sehr gute Konditionen für sich aushandeln konnte – auch dass Nellie und die kleine gemeinsame Tochter Muriel ihn begleiteten. Es war der Sommer 1910 und er machte sich ohne Familie mit einem großen Tross an Helfern und Mulis in das besagte enge Hochlandtal des Flusses Min der Provinz Szechuan auf, das von bis zu 5500 Metern hohen, schneebedeckten Bergen umgeben ist. Es war der einzige bekannte Ort, wo Königs-Lilien wild vorkamen – und zwar in Massen. Wochenlang markierten er und seine Helfer 6000, Quellen berichten auch von 7000 Pflanzen, deren Zwiebeln im Oktober ausgegraben und dann ver-schifft werden sollten. Im September waren die Vor-arbeiten beendet und Wilson wollte das Tal erst ein-mal wieder verlassen. Zu diesem Zweck ließ er sich in einer von Pferden getragenen Sänfte als Reise-gefährt nieder. Doch der Weg war schmal, die Berg-hänge steil und das Gestein locker. Es kam zu hefti-gen Steinschlägen und beinahe hätten sie Wilson das Leben gekostet, wenn er nicht aus der Sänfte gefallen wäre und auf dem Weg gelegen hätte – ein Felsbrocken zerschmetterte ihm dennoch sein rech-tes Bein. Es half alles nichts: Nach dem notdürftigen Schienen des Beines mit dem mitgeführten Kamera-Stativ mussten alle Mulis an dem liegenden Pflan-zenjäger vorbei, sprich wegen des engen Weges über ihn steigen. Mulis sind zum Glück äußerst intelli-gent und vorsichtig und keines war so nervös, dass es riskierte, einen Huf auf das »Hindernis Wilson« zu setzen. Was muss das für ein Gefühl sein, der Willkür von gut 100 Mulihufen ausgeliefert zu sein! Erst drei Tage danach erreichte Wilson mit seinem

DIE KÖNIGS-LILIE

Trupp ein Krankenhaus und hatte sehr großes Glück, dass ein begabter Arzt sein Bein retten konnte und nicht amputieren musste. In England wurde es noch ein zweites Mal nachoperiert, doch Zeit seines restlichen Lebens humpelte er mit seinem »Lilienbein« durch die Botanik-Geschichte.

Die Königs-Lilien, die 1910 in England in Zwiebelform eintrafen, gehörten zu den größten Triumphen Wilsons und erwiesen sich als unkomplizierte Gartenpflanzen. Sie fanden zügig weltweite Verbreitung. In China selbst gab es diese Lilienart allerdings kaum noch. Wilsons Raubzug verwüstete das Tal und ließ dort so gut wie nichts an Königs-Lilien übrig. Pflanzenentdeckung kombiniert mit ungezügeltem Geschäftssinn können Bestände am Naturstandort im Nu vernichten – zahlreiche Beispiele gab es vorher und folgten nachher. Erst Ende des letzten Jahrhunderts wurden solche Plünderungen etwa von wilden Schneeglöckchen, Krokussen oder Tulpen verboten und man regelte gesetzlich, dass nur gärtnerische Herkünfte gehandelt werden dürfen.

Königs-Lilien stammen allesamt aus Gärtnereien; sie lassen sich leicht per Samen vermehren (auch im eigenen Garten) und sind ausgesprochen robust. Ich schwanke immer, ob ich zornig auf Wilson und seine Rücksichtslosigkeit sein soll oder dankbar, dass er die isoliert wachsende Königs-Lilie den Gärtnern der ganzen Welt zugänglich machte.

Nehmen wir es pragmatisch: Wir können es nicht mehr ändern; Königs-Lilien gibt es weltweit jetzt um ein Vielfaches mehr denn je, und sie sind für mich und viele weitere Pflanzenfans jedes Jahr ein betörender Inbegriff von Lilienpracht und Sommernachtsduft. ❧

KURZES PFLANZENPORTRÄT:

- *winterharte, mehrjährige Zwiebelpflanze*
- *zwischen 70 und ca. 180 Zentimeter*
- *pro Zwiebel gerader, fein beblätterter Stiel mit Blütenstand an der Spitze*
- *seitlich ausgerichtete Blüten mit trichterartig angeordneten Blütenblättern (»Trompetenform«), innen klarweiß mit gelben Staubgefäßen und Griffel, Außenseite bei der Wildform purpurbräunlich überlaufen, bei der Selektion 'Alba' auch reinweiß*
- *Blütezeit Hochsommer*

STANDORT:

- *sonnig*
- *Gefäßkultur möglich*
- *Boden/Substrat durchlässig, aber nährstoffreich*
- *windgeschützter Standort*

PFLEGEGRUNDSÄTZE:

- *Pflanzung ruhender Zwiebeln im Spätherbst oder im zeitigen Frühjahr*
- *Austrieb vor eventuellen Frösten und Schnecken schützen*
- *Pflanzen nicht austrocknen lassen*
- *Lilienhähnchen (Käfer und Maden) bekämpfen*
- *im Frühling, spätestens Frühsommer organisch düngen*
- *Pflanze während des Austriebes an ausreichend hohen Stab anbinden*

VERWENDUNG:

- *als Beet- und Rabattenpflanze*
- *für ausreichend große Pflanzgefäße*

BILDNACHWEIS

a. *Tulipa monstrosa ex albo, luteo,*   *et viridi variegato striis ru =*
                 bris no=   *tatis.*
b. *Tulipa Colore viola =*   *ceo striis cinereis notatis.*
c. *Tulipa ex luteo ru =*   *bro et viridi variegato.*

ÜBER DEN AUTOR

Geboren 1963 in der westfälischen Kleinstadt Harsewinkel, sammelte Andreas Barlage bereits als Teenager die ersten Erfahrungen beim Gärtnern im elterlichen Garten. Nach seinem Gartenbaustudium an der Uni Hannover arbeitete er von Anfang an in der Grünen Branche. Seit etwa 20 Jahren tritt er als Autor und Referent in Erscheinung.

Im Zuge seiner Tätigkeit ist er mehrfach umgezogen und hat an jedem seiner Domizile neue Gartensituationen vorgefunden und weitergestaltet. Kein Wunder, dass er mit vielen Standortbedingungen und den Pflanzen, die darin wachsen, vertraut ist – selbst vor dem »Pöttchengärtnern« schreckt er nicht zurück.

Bei Thorbecke erschienen von ihm bereits »Ans Herz gewachsen – ein Gärtner und seine Lieblingspflanzen«, »Woher wissen Wurzeln, wo unten ist?« und »Wie kommt die Laus aufs Blatt?«. Die beiden erstgenannten Bücher erreichten beim Deutschen Gartenbuchpreis 2014 beziehungsweise 2019 den ersten Platz in der Kategorie »Gartenprosa«; »Wie kommt die Laus aufs Blatt?« wurde 2021 mit dem dritten Platz in derselben Kategorie ausgezeichnet. Für den Thorbecke-Titel »Küchenkräuter mit Genuss« steuerte er Pflanzenporträts bei. Das beflügelte ihn zu diesem Titel, in dem er sich auf die Suche nach den Spuren von Gartenpflanzen und ihrer Herkunft machte. ◦❧

Andreas Barlage
Wie kommt die Laus aufs Blatt?
Wissenswertes und Kurioses
rund um die Tiere in unseren Gärten

HARDCOVER
MIT LESEBAND
184 SEITEN
MIT ZAHLREICHEN
ILLUSTRATIONEN
ISBN 978-3-7995-1479-8

Gibt es Pflanzen, die Schnecken fernhalten? Verdoppelt sich ein Regenwurm, wenn man ihn teilt? Was hilft wirklich bei Bienenstichen? Kann mir ein Schaf im Garten das Rasenmähen ersparen?

Solche und ähnliche Fragen stellt sich jeder begeisterte (Hobby-)Gärtner immer wieder. Andreas Barlage beantwortet diese und viele weitere Fragen und widerlegt unterhaltsam und kurzweilig dank seines umfangreichen Wissens aus der eigenen Gartenpraxis die Ammenmärchen und Mythen über Nützlinge und Schädlinge in unseren Gärten.

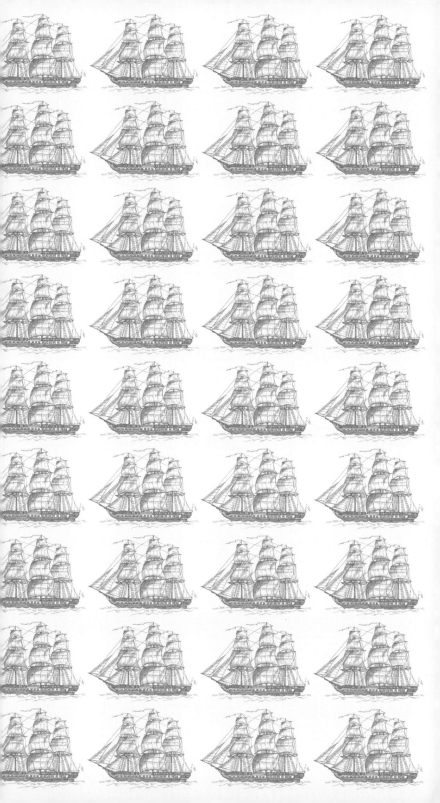

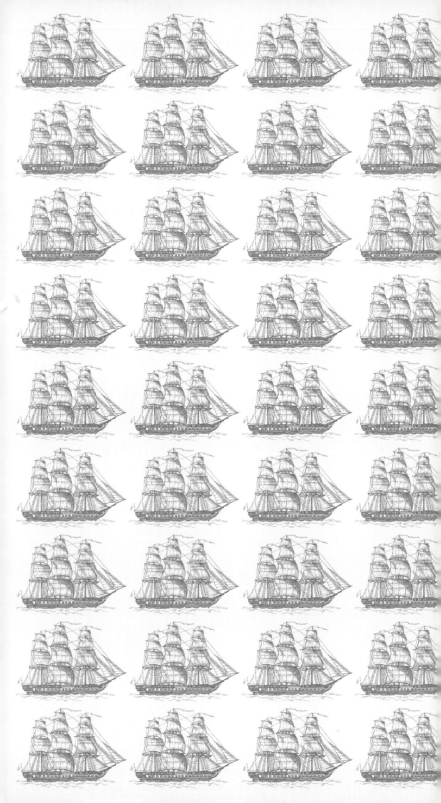